は　し　が　き

　安全衛生委員会は，事業者の責任で行われる安全衛生管理の計画や実施について，労働者の理解と協力を得るとともに，労働者の意見を反映させる場として，事業場の安全衛生活動の中核となり，その活動は広く社会的な評価を得ているところであります。

　しかしながら，一方で，労働災害発生率の高い事業場においては，安全衛生委員会の活動は必ずしも活発でなく，労働安全衛生法上期待されている機能も十分果たされていない状況にあることから，その活性化を図ることが重要であるといえます。

　このため，平成17年の労働安全衛生法の改正に併せて，労働安全衛生規則の改正により，安全衛生委員会の調査審議事項として，危険性または有害性等の調査およびその結果に基づき講ずる措置（リスクアセスメント）に関すること，安全衛生計画の作成，実施，評価および改善に関すること等が追加されるなど，安全衛生委員会の機能強化が図られています。

　このように安全衛生委員会の活用を充実していくことは，労働災害防止のための有効な手段であるといえます。

　本書は，(社) 神奈川労務安全衛生協会労働衛生研究会のご協力を得て，事業場の安全衛生管理に関し重要な役割を担う安全衛生委員会の，より活発な活動の推進のための具体的ノウハウを整理し，紹介した書であります。

　本書を比較的規模の大きな本社・事業場組織のみならず，中小規模の事業場において，安全衛生委員会の活動に携わっておられる方々にとって，実務上の必携書として広く活用いただき，各事業場における安全衛生水準の一層の向上にお役に立てていただければ幸いです。

　平成19年11月

中央労働災害防止協会

もくじ

第1章 総論 …………………………………………………………… 5
1. 安全衛生委員会の設置 ………………………………………… 5
2. 安全衛生委員会とは …………………………………………… 5
3. 安全衛生委員会に関する法規定 ……………………………… 5

第2章 安衛法における安全衛生委員会の規定 ………………… 7
1. 設置対象事業場 ………………………………………………… 7
   (1)安全委員会7／(2)衛生委員会7／(3)安全衛生委員会7
2. 委員の構成 ……………………………………………………… 8
   (1)委員8／(2)議長8／(3)委員会の構成人員8
3. 調査審議事項 …………………………………………………… 9
   (1)法規に規定された調査審議事項9／(2)調査審議事項の内容9
4. 委員会の運営 …………………………………………………… 11
   (1)開催頻度12／(2)議事録の作成と労働者への周知12

第3章 安全衛生委員会運営 ……………………………………… 13
1. 安全衛生委員会規程 …………………………………………… 13
   (1)安全衛生委員会規程の意義13／(2)安全衛生委員会の設置基準13／
   (3)安全衛生委員会の性格・機能14／(4)安全衛生委員会規程の記載事項15
2. 事業場における安全衛生管理体制 …………………………… 16
   (1)安全管理者・衛生管理者等16／(2)事業場組織16／(3)安全衛生担当部門17／
   (4)安全衛生委員会組織17／(5)中央安全衛生委員会17／(6)下部組織18／
   (7)健康管理委員会19／(8)地球環境，交通安全，防災関連委員会等19／
   (9)安全衛生担当者会議19／(10)職場安全衛生委員会19／
   (11)安全衛生委員会の事務局20
3. 安全衛生委員会委員の構成・機能 …………………………… 23
   (1)安全衛生管理体制と安全衛生委員会委員23／
   (2)職制と安全衛生委員会委員23
4. 安全衛生委員会委員の選出 …………………………………… 24
   (1)事業場安全衛生委員会委員の選出24／

(2)中央安全衛生委員会委員の選出25／(3)専門部会委員26
　5．安全衛生基本方針と年間重点方針……………………………………… 27
　　(1)安全衛生基本方針27／(2)年間重点方針（全社レベル）27／
　　(3)年間活動計画（事業場レベル）28
　6．開催準備（事務局）……………………………………………………… 32
　　(1)安全衛生委員会の開催に関する日程調整32／(2)議題32／(3)開催通知33／
　　(4)資料づくりと資料の事前配布34／(5)議長との事前打合せ34／
　　(6)出欠の確認34
　7．安全衛生委員会の進行手順……………………………………………… 35
　　(1)議長のあいさつ35／(2)報告事項35／(3)審議事項43
　8．安全衛生委員会運営上の問題点………………………………………… 45
　9．議事録の作成と保存……………………………………………………… 46
　10．議事録の概要の周知……………………………………………………… 46
　11．安全衛生委員会のフォローアップ……………………………………… 47
　　(1)議事録の配布47／(2)事業者としての正式な指示47／
　　(3)審議合意事項に対する役割分担の確認48／(4)活動状況のチェック48

第4章　安全衛生委員会活動の評価 …………………………………………… 49

第5章　安全衛生委員会の活性化への提言 …………………………………… 52
　1．安全衛生委員会のマンネリ化現象……………………………………… 52
　　(1)議題がいつも同じパターンである52／(2)発言者がかたよる52／
　　(3)安全衛生委員会が職場と必ずしも直結していない52／
　　(4)安全衛生委員会が労使の立場での発言になる53
　2．安全衛生委員会を活性化するために…………………………………… 53
　　(1)安全衛生委員会の年間活動計画の策定53／
　　(2)安全衛生委員会の議題の事前の調整54／(3)議事録の活用54／
　　(4)議長のリーダーシップ55

わが社の安全衛生委員会活動（3例）…………………………………………… 56

参　考　資　料 ……………………………………………………………………… 74

本書は㈳神奈川労務安全衛生協会労働衛生研究会，とくにつぎの方々のご尽力によりできあがりました。厚く御礼申しあげます。(敬称略)

安部　　　健
石塚　金蔵
稲垣　　勝
菊池　　昭
藤澤　　巖
保坂　雅明
柳下　澄江
(50音順)

参考文献（中災防発行）

<small>リフレッシュ安全衛生委員会</small>
事例にみるキーポイント33

<small>能力向上教育テキスト</small>
衛生管理者の実務

<small>安全衛生基本シリーズ</small>
安全衛生計画のたて方と活かし方

安全衛生教育カリキュラムの作り方、活かし方

グラフ、図表を使った安全衛生のすすめ方

安全衛生管理規程の実際

安全衛生管理計画事例集

安全活動の評価〈安全管理計画の策定手法〉

実務に役立つ労働安全衛生規則の逐条詳解〈全7巻〉

リスクアセスメント担当者の実務

労働安全衛生マネジメントシステム・システム担当者の実務

その他

第1章 総論

1. 安全衛生委員会の設置

　一定の事業場では，労働安全衛生法第17条で安全委員会の設置を，第18条では衛生委員会を設置するよう規定している。また，第19条では，この両委員会の機能をあわせ持つ安全衛生委員会を設置することにより，これに代えることができるよう定めている。

　多くの事業場では，安全委員会と衛生委員会をそれぞれ個別にではなく，安全衛生委員会として開催している例が多いので，本書では安全衛生委員会を前提に述べることとする。

2. 安全衛生委員会とは

　労働安全衛生法では，事業者の責務として「単にこの法律（労働安全衛生法）で定める労働災害の防止のための最低基準を守るだけでなく，快適な職場環境の実現と労働条件の改善を通じて職場における労働者の安全と健康を確保するようにしなければならない。」（第3条第1項）と規定している。

　このように，事業場における安全衛生の確保は，本来事業者の責任において実施されなければならない事項であるが，労働災害の発生原因はさまざまであり効果的な対策を進めるためには，労働者の意見等を把握し，対策に反映させることが必要である。この労働者の意見を反映する場の一つとして安全衛生委員会がある。

　安全衛生委員会は，労働者の参加を得て，事業場の安全衛生および健康管理の問題について調査審議する場である。したがって，その運営については，団体交渉や労使協議の場とは異なり，労使としての立場の枠を超え，労使が協力しあって事業場における労働災害防止や健康管理の方向を定め，その推進を図ることを目的としている。

3. 安全衛生委員会に関する法規定

　事業場における安全衛生委員会の設置の基本的な事項については労働安全衛生法（以下「安衛法」という。），労働安全衛生法施行令（以下「安衛法施行令」という。），労働安全衛生規則（以下「安衛則」という。）等で規定している。具体的には，設置対象事業場，

委員の構成，調査審議事項，開催頻度，議事録の作成と保存，議事概要の周知等について定められている。

第2章　安衛法における安全衛生委員会の規定

1. 設置対象事業場

　安全委員会と衛生委員会とでは，事業場の業種，規模によって，設置基準について若干の規定の違いが見られる。

(1)　安全委員会

　安衛法第17条第1項の規定により，安全委員会を設置しなければならない事業場は，安衛法施行令第8条で次のとおり規定されている。
1．常時使用する労働者が50人以上の事業場で，次の業種に該当するもの
　　林業，鉱業，建設業，製造業のうち木材・木製品製造業，化学工業，鉄鋼業，金属製品製造業および輸送用機械器具製造業，運送業のうち道路貨物運送業および港湾運送業，自動車整備業，機械修理業ならびに清掃業
2．常時使用する労働者が100人以上の事業場で，次の業種に該当するもの
　　木材・木製品製造業，化学工業，鉄鋼業，金属製品製造業および輸送用機械器具製造業を除く製造業，道路貨物運送業および港湾運送業を除く運送業，電気業，ガス業，熱供給業，水道業，通信業，各種商品卸売業，家具・建具・じゅう器等卸売業，各種商品小売業，家具・建具・じゅう器小売業，燃料小売業，旅館業，ゴルフ場業

(2)　衛生委員会

　安衛法第18条第1項の規定により衛生委員会は，業種を問わず常時使用する労働者が50人以上の場合，設置しなければならないことが，安衛法施行令第9条で規定されている。

(3)　安全衛生委員会

上記(1)の業種に該当し，常時使用する労働者が50人以上の場合には，安全委員会と衛生委員会それぞれの設置に代えて，安全衛生委員会を設置することができる（安衛法第19条第1項）。

2. 委員の構成

(1) 委員

安全衛生委員会の委員の構成は，安衛法第19条第2項で規定されており次のとおりとなっている。

①総括安全衛生管理者または総括安全衛生管理者以外の者で当該事業場においてその事業の実施を総括管理するものもしくはこれに準ずる者のうちから事業者が指名した者
②安全管理者および衛生管理者のうちから事業者が指名した者
③産業医のうちから事業者が指名した者
④当該事業場の労働者で，安全に関し経験を有するもののうちから事業者が指名した者
⑤当該事業場の労働者で，衛生に関し経験を有するもののうちから事業者が指名した者

なお，同条第3項で，「当該事業場の労働者で，作業環境測定を実施している作業環境測定士であるものを安全衛生委員会の委員として指名することができる。」とされている。

(2) 議長

安全衛生委員会の議長は，安衛法第19条第4項の規定により，前項(1)の①の委員と定められている。

(3) 委員会の構成人員

委員会の構成人員については，事業の規模，作業の実態に即し，適宜決定するよう通達（昭和41年1月22日付け，基発第46号）されている。したがって，委員の人数は，それぞれの事業場で決定してよいことになる。

なお，前項(2)の議長を除く委員の半数は，当該事業場に労働者の過半数で組織する労働組合のあるときはその労働組合，労働者の過半数で組織する労働組合がないときは労働者の過半数を代表する者（以下「労働者代表」という。）の推薦に基づき事業者が指名することになっている。

事業場の実態は，議長以外の委員のうち，安全管理者と衛生管理者および産業医は，総括安全衛生管理者の業務のうちの技術的事項等を管理，担当することが規定されているの

第2章　安衛法における安全衛生委員会の規定

で，一般的には事業場側委員となっていることが多い。

したがって，事業場側委員と労働者代表推薦の委員は同数となるが，労働者代表推薦の委員は，前記(1)の④，⑤およびなお書きに該当する場合が多い（昭和47年9月18日付け基発第602号，昭和63年9月16日付け基発第601号の1通達参照）。

3. 調査審議事項

(1) 法規に規定された調査審議事項

安全衛生委員会の調査審議事項については，安衛法第17条および第18条でそれぞれ安全委員会，衛生委員会の調査審議事項として規定されているが，安全衛生委員会として開催する場合は，これら双方の調査審議事項が含まれていなければならない。これをまとめると，つぎのとおりである。

① 労働者の危険および健康障害を防止するための基本となるべき対策に関すること。
② 労働者の健康の保持増進を図るための基本となるべき対策に関すること。
③ 労働災害の原因および再発防止対策で，安全・衛生に係るものに関すること。
④ 前各号に掲げるもののほか，労働者の危険および健康障害の防止ならびに健康の保持増進に関する重要事項。

(2) 調査審議事項の内容

上記(1)の①から④の調査審議事項を，具体的に述べると，次のようにまとめられる。

① 労働者の危険および健康障害を防止するための基本となるべき対策に関すること

事業場における安全衛生および健康管理に関する中・長期の方針，年度の安全衛生・健康管理の方針および計画，事業場の安全衛生管理体制の確立や安全衛生基準の策定等は，事業場の安全衛生，健康管理の基本となる事項である。一般的には，年度の節目となる時期に調査審議されることが多い。

② 労働者の健康の保持増進を図るための基本となるべき対策に関すること

ここでいう健康の保持増進とは，安衛法第7章に規定されている「健康の保持増進のための措置」を指す。その主な内容は，次のとおりであり，これらの基本計画について，調

査審議することを規定しているものである。
- イ　作業環境測定とその評価
- ロ　作業の管理
- ハ　健康診断，その結果についての医師等からの意見聴取，健康診断実施後の措置，保健指導・面接指導等
- ニ　病者の就業禁止
- ホ　健康教育
- ヘ　健康の保持増進措置（THP：トータル・ヘルスプロモーション・プラン）

③　労働災害の原因および再発防止対策で，安全・衛生に関すること

　労働災害には，業務上のケガのほか，業務上の疾病も含まれる。したがって，業務遂行中，業務に起因して発生する死傷病のすべてについて，発生した場合の原因や再発防止対策のみならず，その発生を未然に防止するための諸施策についても調査審議の対象とするものである。

④　労働者の危険および健康障害の防止ならびに健康の保持増進に関する重要事項

　これらについては，安衛則第21条，第22条で，次のことが示されている。

イ　安全委員会の付議事項
1．安全に関する規程の作成に関すること。
2．法第28条の2第1項の危険性または有害性等の調査およびその結果に基づき講ずる措置のうち，安全に係るものに関すること。
3．安全衛生に関する計画（安全に係る部分に限る。）の作成，実施，評価および改善に関すること。
4．安全教育の実施計画の作成に関すること。
5．厚生労働大臣，都道府県労働局長，労働基準監督署長，労働基準監督官又は産業安全専門官から文書により命令，指示，勧告または指導を受けた事項のうち，労働者の危険の防止に関すること。

ロ　衛生委員会の付議事項
1．衛生に関する規程の作成に関すること。
2．法第28条の2第1項の危険性または有害性等の調査およびその結果に基づき講

第2章　安衛法における安全衛生委員会の規定

　　ずる措置のうち、衛生に係るものに関すること。
3. 安全衛生に関する計画（衛生に係る部分に限る。）の作成、実施、評価および改善に関すること。
4. 衛生教育の実施計画の作成に関すること。
5. 法第57条の3第1項および第57条の4第1項の規定により行われる有害性の調査ならびにその結果に対する対策の樹立に関すること。（編注：新規化学物質・重度の健康障害のおそれある物質）
6. 法第65条第1項または第5項の規定により行われる作業環境測定の結果およびその結果の評価に基づく対策の樹立に関すること。
7. 定期に行われる健康診断、法第66条第4項の規定による指示を受けて行われる臨時の健康診断、法第66条の2の自ら受けた健康診断および法に基づく他の省令の規定に基づいて行われる医師の診断、診察または処置の結果ならびにその結果に対する対策の樹立に関すること。
8. 労働者の健康の保持増進を図るため必要な措置の実施計画の作成に関すること。
9. 長時間にわたる労働による労働者の健康障害の防止を図るための対策の樹立に関すること。
10. 労働者の精神的健康の保持増進を図るための対策の樹立に関すること。
11. 厚生労働大臣、都道府県労働局長、労働基準監督署長、労働基準監督官または労働衛生専門官から文書により命令、指示、勧告または指導を受けた事項のうち、労働者の健康障害の防止に関すること。

なお、安衛法第7章の2「快適な職場環境の形成のための措置」についても、安全衛生委員会の審議事項とすることが望まれる。

4. 委員会の運営

安全衛生委員会の運営に関しては、次のとおり定められている。

(1) 開催頻度

　安全衛生委員会の開催の頻度については，毎月1回以上開催することが安衛則第23条第1項で規定されている。

　安全衛生委員会は定例的に毎月1回以上開催するよう規定されているので，事業場における労働者の危険または健康障害の防止に関する審議事項について，事業者から特別に諮問を受けなくとも調査審議し，その結果に基づき事業者に意見を述べることになる。

　また，委員会は，原則的には通常の労働時間内に開催するよう通達で指導されている。

(2) 議事録の作成と労働者への周知

　委員会の議事内容のうち重要なものについては，議事録として記録するとともに，これを3年間保存するよう安衛則第23条第4項で規定されている。これは，議事録により，決定した事項が事業場として確実に実施されたか，後日の確認がとれること，また，事業場の安全衛生上の問題点や課題を明確にすることができる等の趣旨によるものである。

　また，安衛則第23条第3項で，議事の概要は，①見やすい場所に掲示又は備えつける，②書面を交付する，③電子媒体に記録し，コンピュータネットワーク等により常時確認できるようにする，のいずれかの方法で，労働者に周知させなければならない，と定められている。

第3章　安全衛生委員会運営

1. 安全衛生委員会規程

(1) 安全衛生委員会規程の意義

安全衛生委員会の十分な機能を発揮させるためには運営基準，すなわち安全衛生委員会規程を明確にすることが重要である。そのためには安衛法における規定だけでは不十分で，企業の独自性を織りこんだ安全衛生委員会規程を作成する必要がある。

(2) 安全衛生委員会の設置基準

安衛法における安全衛生委員会の設置義務は前述のように50人を超える事業場と定められているので，この場合には当然安全衛生委員会の設置を明文化しておく必要がある。

イ．非製造事業場

小売，事務所等製造部門を持たない事業場では50人を超えても安全衛生委員会を設置していないところも見られる。しかしながら特に衛生については製造部門以外の業種でも多くの課題を抱えており，衛生委員会の設置が義務付けられている。従業員の健康の保持増進は業種に関わりのない共通のことがらだからである。

また，労働災害による死傷者数の第三次産業における比率が増加しており，これらの業種においても，安全委員会を設置することが望ましい。

したがって，このような事業場を持つ企業では安全衛生委員会設置を明文化して活動方向を明確にすることが必要である。

ロ．50人未満の小規模事業場

安全衛生委員会は事業場における安全衛生問題を審議する場であるから，従業員50人未満の小規模事業場であってもその必要性がなくなるわけではない。このような事業場では次の理由により安全衛生委員会，またはこれに代わる安全衛生会議等なんらかの安全衛生に関する定期的な審議の場が必要である。

a. 災害発生率等は中小事業場の方がより高い。
b. 自動化や搬送装置の発達により小規模事業場でも災害危険度の高い設備がある。
c. 安全衛生委員会が設置されないことにより，ますます企業規模による安全衛生格差が大きくなっている。

d．安全衛生・健康問題等はすべての事業場の共通課題である。

　また，安衛則第23条の2においても，委員会を設けている事業者以外の事業者は，安全又は衛生に関する事項について関係労働者の意見を聴くための機会を設けるようにしなければならないと定められている。

(3) 安全衛生委員会の性格・機能

　イ．基本的性格

　安衛法における安全衛生委員会の位置づけは労働災害防止や健康管理に関する基本的対策を調査審議させ，事業者に対し意見を述べさせることであり，これが基本的な性格となっている。しかしながら安全衛生委員会で審議する目的は，方策を実行して，労働災害を防止し，労働者の健康を保持増進させることであるから，審議の後には必ず実行する機能を明確にしておかねばならない。

　ロ．基本的機能

　安全衛生委員会は安全衛生問題を審議することが基本的機能であるが，ここで問題になるのは審議事項が企業活動の中にいかに反映されるかということである。安全衛生委員会は総括安全衛生管理者またはその代行者，安全管理者，衛生管理者，産業医等が構成メンバーになっていることから，安全衛生委員会の審議決定事項は事業場の重要事項として展開されることが多くなっている。しかしながら本来安全衛生管理は事業者の責任であるから，審議した内容を決定し，実行するのは事業者である。

　さらに注意すべき点は安全管理と衛生管理とは互いに密接な関連があるため，必要以上に分離することは好ましくなく，総合した形で運営されることが望ましい。むしろ最近では下部組織の中に地球環境，交通安全等の問題を扱うケースも多くなっている。

　安全衛生委員会の重要な機能は次の点である。

　a．事業場の安全衛生方針，年度方針の策定

　b．安全衛生に関する施策の審議（安衛法で示された審議事項等）

　c．実施結果に対するチェック機能

　実施結果のチェック機能は施策に対する最終効果を評価する点で重要である。

第3章　安全衛生委員会運営

(4) 安全衛生委員会規程の記載事項

安全衛生委員会規程には通常次の事項が定められている。

イ．安全衛生委員会の目的・種類

安全衛生管理規程の中では(3)イ．に述べた位置づけを表す基本的部分のみが含まれる場合が多い。

安全衛生委員会の種類については全社的なレベリングを図るための中央安全衛生委員会や，種々の下部組織を明確に定めておくことが必要である。

具体的な委員構成，運営等の部分については安全衛生委員会規程の中の運営要領で示される場合が多い。

ロ．安全衛生委員会の構成

労働者代表推薦の委員も含めた委員の選出方法のほか，産業医，作業環境測定士，事務局メンバー等の構成および役割を示すものである。

ハ．安全衛生委員会の運営要領

安全衛生委員会の開催頻度，安全衛生委員会の成立要件，審議事項の決定条件，議事録の保存，議事概要の周知方法等に関する事項を定めたものである。

ニ．安全衛生委員会の審議事項

前述のように安衛法第17条，第18条で定められた審議事項および安衛則第21条，第22条に示された労働者の危険および健康障害の防止等に関する重要事項が中心となる。

また安全衛生委員会委員による職場巡視，あるいは委員会主催による講演会や社内安全衛生大会等の独自行事が定められる場合も見られる。

2. 事業場における安全衛生管理体制

　安全衛生の推進には，それに伴う組織を作ることが重要である。安全衛生委員会は当然重要な組織の一つであるが，安全衛生管理の実施体制としてはさらに全体的な構成を考慮しなければならない。

(1) 安全管理者・衛生管理者等

　安衛法に定められた各管理者が事業場においてどのように配置されているかを明確にする必要がある。すなわち，総括安全衛生管理者，安全管理者，衛生管理者から作業主任者に至る管理者や主任者が事業場組織の中のどのような部門に，どのような分担で，どのような権限で置かれているかを明確にしておくことが重要である。

　これらの管理者の持つ権限は職場管理者としてのそれとは多少異なるため，労働基準監督署への届出が中心になっていて実質的な活動や権限が明確になっていない場合が多いが，法の精神から考えて実質的な権限と責任を明確にしておくことが重要である。

(2) 事業場組織

　企業における安全衛生責任は事業者にあり，安全衛生管理は事業場組織を通じて行われるものである。したがって安全衛生委員会という審議機関が施策の決定権を受け持つと，事業者責任をあいまいにすることが考えられる。安全衛生に関する施策の決定責任は，事業場組織およびこれをサポートする安全衛生担当部門が持つのが一般的である。

　そこで，安全衛生委員会に選出された委員の所属と事業場組織がどのように対応しているかを明確にしておく必要がある。

　もちろん，事業場の安全衛生水準を高めると同時に安全衛生委員会そのものを活性化するために，安全衛生委員会が中心となって安全衛生パトロールや講演会等の行事を実施する場合もある。

　決定力については，1.(3)ロ．の実施責任とともに，安全衛生委員会規程の中で明確に決めておく必要がある。

第3章　安全衛生委員会運営

(3) 安全衛生担当部門

安全衛生担当部門は，事業場組織の中での位置づけおよび機能，権限を明確にして，安全衛生委員会との関連性を示すことが重要である。通常の場合，安全衛生担当部門は安全衛生委員会事務局を担当することにより，安全衛生委員会と事業場組織との接点となることが多い。

(4) 安全衛生委員会組織

安全衛生委員会では多くの職場から委員が集まるため十分に専門的な審議を行えない場合もあり，そのためには後述するような下部組織を持つケースも多くなっている。一般的に安全衛生委員は事業場側委員および労働者代表推薦委員とも，事業場内の組織単位で選出される場合が多い。このような場合には安全衛生委員の担当する職域を明確にしておかないと施策に空白を生じるおそれがある。

このように安全衛生を推進する組織には安全衛生委員会組織のほかに，安衛法で示された安全衛生管理体制（総括安全衛生管理者，安全管理者，衛生管理者等）および事業場組織がある。安全衛生委員会組織を規程において明示する場合にはこの三者の関係を明確に対応させながら表現することが重要である。

(5) 中央安全衛生委員会

イ．基本的性格

労働安全衛生法で定められている安全衛生委員会は，事業場に設置した委員会であるが，この事業場安全衛生委員会においては当該事業場における安全衛生の状況は把握できる。しかし，その反面，その企業全体の安全衛生管理に関する統一性を保つには十分ではない。そのために法的に定められたものではないが，全社的安全衛生組織として中央安全衛生委員会が設置されるケースが多くなっている。

中央安全衛生委員会は企業としての安全衛生活動に一本の線を持たせるために置かれるものであり，いわば企業における安全衛生管理の最高会議の性格を持つものである。

ただし全社的統一をあまり意識しすぎると地区独自の問題が欠落してしまう場合がある

ので，地区としての特性をも十分考慮に置いて運営することが重要である。
　ロ．委員の構成
　中央安全衛生委員会が企業としての基本施策を調査審議する性格を有する以上，その議長は経営者，しかも最高責任を持つ経営者があたるべきである。したがって議長には社長クラス，あるいは生産部門の総括責任者が就任することが望ましい。中央安全衛生委員会の構成委員には，事業者が中心となる場合と，安衛法に準じて，議長以外は労使同数の場合とがある。

(6)　下部組織

　前述のように事業場安全衛生委員会では多種の職場から委員が集まるため，特定の専門的な分野について審議を行うことが難しい場合がある。したがって安全衛生委員会の下部に小委員会や専門部会を設け，実務的立場に立って具体的に審議する組織を設定するケースが多くなっている。
　小委員会や専門部会の審議内容は具体的，かつ専門的であり，その業務に精通している担当者を中心に構成されている。したがって性格は専門的であるが，審議事項はすべて事業場委員会に答申され，審議される。
　下部組織の例をあげると次のとおりである。
　イ．機能別小委員会
　　a．設備設置専門委員会（新設設備の事前検討）
　　b．危険物・有害物管理委員会（新規化学物質導入等）
　　c．4S専門委員会（整理整頓等）
　ロ．構成メンバー別小委員会
　　a．衛生管理者専門部会（衛生管理者・産業看護職）
　　b．作業環境管理部会（作業環境測定士・衛生工学担当）
　ハ．職種別小委員会
　　a．動力プレス専門部会
　　b．フォークリフト専門部会

第3章　安全衛生委員会運営

(7) 健康管理委員会

THPを含む健康管理問題は産業医，産業看護職，衛生管理者等の関係者が集まって専門的な審議をする機関として安全衛生委員会の専門部会として設置されるケースが多くなっている。

これをさらに発展させたものが健康保険組合，労働組合，人事部門等が加わった健康管理委員会であり，広い範囲の健康増進対策が審議されている。

(8) 地球環境，交通安全，防災関連委員会等

現在，トータル・リスク・マネジメントの重要性が増している。これらの問題は安全衛生と深い関連がある。したがってこれらの関係者と接点を持つ委員会や部会が持たれる場合が増加している。

従業員や職場ばかりでなく，地域住民や地域環境，地球環境までをも対象としたトータル・リスク・マネジメントは今後ますます重要性が強調されるであろう。

(9) 安全衛生担当者会議

通常，安全衛生委員会の事務局は安全衛生担当者が務めることが多く，各事業場や職場の専門的な安全衛生情報はこれらのスタッフが持っている場合が多い。したがってこれらの担当者と定期的な会議を持つことは事業場や職場の安全衛生の現状やニーズを知るうえでも非常に重要である。

またこの会議では，中央と地区のスタッフ同士が情報の交換をするばかりでなく，中央安全衛生委員会の合意事項を各地区に具体的に説明できる等多くの利点がある。

(10) 職場安全衛生委員会

各職場単位で，安全衛生について議論する小委員会が設けられることがある。専門委員会や部会が横割りの組織なら職場安全衛生委員会は縦割りの安全衛生組織である。職場安全衛生小委員会は事業場安全衛生委員会では十分に対応しきれない職場独自の問題を審議するために設置され，決定事項は事業場安全衛生委員会に答申されると同時に事業場組織

にフィードバックされ，実際的な安全衛生活動に移される。

(11) 安全衛生委員会の事務局

　安全衛生委員会の事務局業務は，安全衛生スタッフにとっても最重点を置くべきことがらである。安全衛生管理は組織的に運営すべき業務であるから，事務局として安全衛生委員会が満足に運営できなければ安全衛生スタッフの力は著しく制約されるといっても過言ではない。

　通常，事業場安全衛生委員会の事務局は事業場の安全衛生スタッフが担当することが多く，できれば衛生管理者等の資格を持った者が担当することが望ましい。

　また全社的組織である中央安全衛生委員会の事務局は全社的安全衛生部門がある場合はその部門が，ない場合は人事部門のような全社的管理部門か全社的リーダーシップを持っている事業場の安全衛生スタッフが担当することが多い。

　事務局としての安全衛生スタッフの役割は単に安全衛生委員会活動の事務処理をするのみではなく，安全衛生委員会の活動計画を立案し，委員長をはじめ関係者と調整を行い，安全衛生委員会活動を活性化することが重要な使命である。言いかえれば安全衛生委員会活動をよりよいものにするためには安全衛生スタッフの活躍が前提条件なのであり，専門スタッフが持つコーディネート能力が最も要求されるのである。

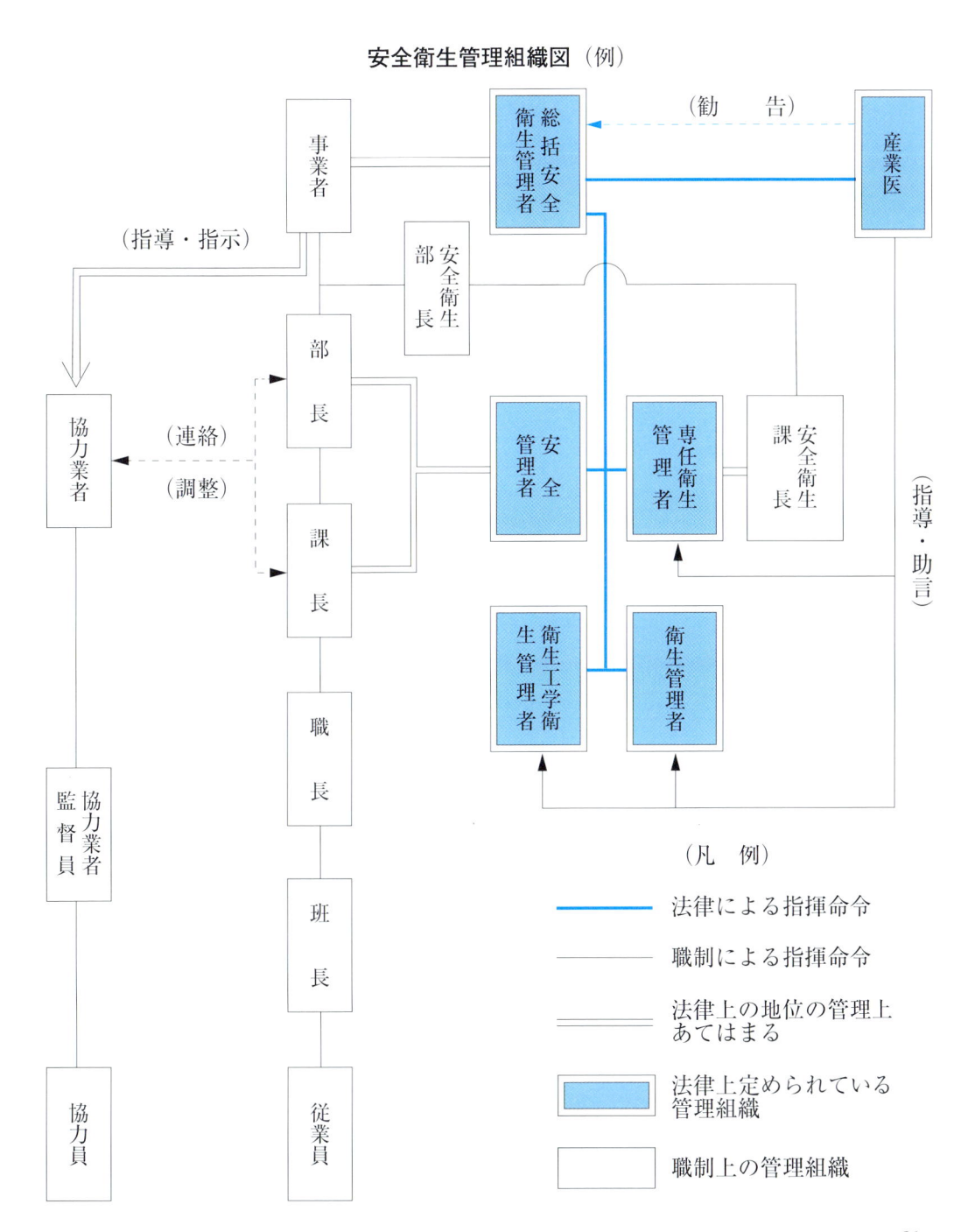

第3章　安全衛生委員会運営

安全衛生管理組織図（例）

```
事業者 ──── 総括安全衛生管理者 ←──（勧告）── 産業医
  │              │
  │         安全衛生部長
（指導・指示）      │
  │         ┌────┼────┐
  ↓         部長  安全管理者  専任衛生管理者  安全衛生課長
協力業者 ←（連絡）              │
       （調整） 課長           │
                           衛生工学衛生管理者  衛生管理者
         職長                                    ↑
         │                              （指導・助言）
         班長
         │
協力業者監督員  従業員

協力員
```

（凡例）

──── (青太線)	法律による指揮命令
────	職制による指揮命令
═══	法律上の地位の管理上あてはまる
■ (青塗)	法律上定められている管理組織
□	職制上の管理組織

21

安全衛生委員会組織図（例）

事業場安全衛生委員会

- 議　　長：工場長（総括安全衛生管理者）
- 委　　員：安全管理者（安全衛生課長）
  - 衛生管理者
  - 産業医
  - 各部長
  - 労組支部代表者，労組指名者 ⎫
  - 協力会各会社の代表者　　　　⎬ 委員の半数

専門委員会
- クレーン専門委員会
- ガス専門委員会
- ボイラー・圧力容器専門委員会
- 電気専門委員会
- 救急法専門委員会
- 交通専門委員会
- 産業用ロボット安全対策専門委員会

＊部安全衛生委員会
- 委員長：部長
- 委　員：各工場長，室長
  - 労組・支部代表者
  - 協力会各会社の代表者
- 幹　事：各工場・室安全スタッフ
  - 労組指名者

＊工場（室）安全衛生委員会
- 委員長：工場（室）長
- 副委員長：労組当該支部代表者
- 〃　　：当該全協力会社代表者

職場安全衛生懇談会（作業長，工長，職場長）

＊部安全衛生委員会　　　部単位の統括を必要とする事項について部長が随時開催する任意の会議
＊工場（室）安全衛生委員会　　　同一部内の複数工場（室）による開催が効果的な場合，当該部長が安全衛生室長と協議のうえ合同で運営させる。

3. 安全衛生委員会委員の構成・機能

(1) 安全衛生管理体制と安全衛生委員会委員

　総括安全衛生管理者は安全衛生委員会議長として安全衛生委員会へ参加することが基本である。また，産業医は嘱託も含めて1名以上の参加が定められている。

　一方，安全管理者，衛生管理者については1名以上とされており，安全衛生委員会委員の構成は安衛法における安全衛生管理体制とは一致せず，安衛法における安全管理者，衛生管理者，産業医，作業環境測定士，さらにTHPの推進者である運動実践指導者，産業保健指導担当者等の専門職が安全衛生委員会の審議に直接タッチしないこともありうる。そのため，安全衛生委員会における審議事項には，これらの専門職の意見も反映させるとともに，決定事項の実施に当っては密接な連携を図りながら推進することが重要である。

(2) 職制と安全衛生委員会委員

　安全衛生委員会の委員には事業場の責任者である総括安全衛生管理者等のほか，各部門の管理者が指名される場合が見られる。これは安全衛生が事業者責任であることからも当然であり，各部の管理が中心となることにより強力な安全衛生活動の推進が期待できる。

　しかしながら職制すなわち管理職は一度職場に帰ればその部門に要求されている職務，生産，品質，管理等の遂行責任を持っている。したがって安全衛生委員会に出席しているときと職場にいるときとでは立場が変わることになり，ともすると職場における安全衛生責任が十分に発揮できない場合がある。しかし，安全衛生委員会委員の責任は会議の場だけで果たされるものではない。管理者の立場にいる安全衛生委員会委員は，自分が管理する職場が持つ安全衛生上の問題点を安全衛生委員会に持ちこんで審議すると同時に，委員会の審議を経て，事業場として実施することが決定された施策を職場に持ち帰って実行する重要な責任を持っているのである。

4. 安全衛生委員会委員の選出

(1) 事業場安全衛生委員会委員の選出

　前述したように安全衛生委員会委員はともすると安全衛生責任と職務遂行責任との二つが微妙にからみあい，安全衛生責任が不十分になってしまう場合がある。したがってとくに事業場側委員については委員の持つ専門性，職場における責任範囲，安全衛生に関する認識等を考慮するような選出基準を設定することが重要である。

　安全衛生委員会の審議を経て事業者が安全衛生対策を実施することから，安全衛生委員会委員は単に定期的に安全衛生の会議に出席すればよいというものではなく，安全衛生管理に大きな責任を持つのである。委員の任命にあたり，辞令を交付して委員に自覚と誇りを持たせるとともに，社内への周知を図ることにより，委員としての活動を行いやすくすると，委員会の活性化につながりやすくなる。

イ．安全衛生委員会議長

　安全衛生責任は最終的には事業者が持つべきものであり，安衛法において議長は総括安全衛生管理者，すなわち事業場の責任者またはその代理者が就任することとされている。

　安全衛生委員会は事業場における安全衛生推進のための重要組織であり，これに対し安全衛生スタッフは議長が常に適切に委員会を運営できるよう，必要な情報を提供し，専門スタッフとしてバックアップを行うべきである。

ロ．産業医

　安衛法では産業医を安全衛生委員に任命することが義務づけられている（複数いる場合は1人以上）。産業医の委員は衛生管理者や作業環境測定士とともに，医師という特別な立場で参加しているのであるから，安全衛生スタッフとの間で情報交換および連係を密にする必要がある。

ハ．事業場側委員

　産業医や専門スタッフを除き，事業場側安全衛生委員会委員は選出する単位職場を設定しておき，委員を割り振るのが一般的であるが，この際選出された委員の特性が安全や衛生，あるいは特定の職種に集中しないように調整を図ることが必要である。とくに

第3章　安全衛生委員会運営

事業場側委員は所属長に推薦依頼することが原則であるが，事務局としても前述の点に注意して調整を図ることも大切である。

ニ．労働組合等の推薦に基づき事業場が指名した者

労働者代表が推薦する委員については労働組合等に推薦を依頼するが，この場合もバランス上，委員の選出にあたっては選出職場を指定する等，事務局が意見を述べることが必要な場合もある。

ホ．事務局

事務局は前述のように衛生管理者等の安全衛生スタッフが担当するケースが多いが，この場合事務処理のみを担当するのではなく，安全衛生委員会をコーディネートする心構えが必要である。

安全衛生スタッフにとっても安全衛生委員会は自己の業務を進めるための最重要組織なのである。

ヘ．安全衛生委員会委員の発令

安全衛生委員会は事業場の中の安全衛生に関するもっとも重要な審議機関である。したがって委員の任命に際しては委員本人や安全衛生委員会メンバーばかりでなく，社内報や他の文書に掲載して公表することが重要である。

これは安全衛生委員会委員であることを事業場内のすべての人たちに宣言することにより，安全衛生情報が入りやすくなること，および委員としての権限を強くすることが狙いである。

したがって任期の途中で安全衛生委員会委員の変更があった場合には，そのつど文書で正式に発令する必要がある。

(2) 中央安全衛生委員会委員の選出

イ．中央安全衛生委員会議長

中央安全衛生委員会は，前述のように経営のトップレベルから全社の安全衛生管理を推進するためのものであるから，委員長は当然社長クラス，あるいは生産部門担当取締役クラスの経営トップ層が就任するのが通常である。

ロ．中央安全衛生委員会委員

中央安全衛生委員会委員には，各事業場の安全衛生委員会議長や総括安全衛生管理者等が任命されるのが一般的である。

　　その理由は事業場の安全衛生委員会議長は総括安全衛生管理者またはその代理者が任命されていることにより，当該事業場の実態の情報および代表的意見を持っているからである。

　　この他の委員として技術部門や購買部門の責任者あるいは産業医や作業環境測定士の代表者等も専門家の立場から参画することが望ましい。

　　また中央安全衛生委員会は安衛法の規制を受けるものでないため半数の委員を労働者代表の推薦とする義務づけはないが，最高会議の性格を持つ以上労働者の代表を同様の形で委員に加えることが重要である。

ハ．事務局

　　全社的安全衛生担当部門がある場合には専門的立場からその部門が事務局を担当する。

　　専門部門が設置されていない場合でも人事部門等全社的管理部門が担当することが望ましい。

　　事務局は各地区の安全衛生委員会の活動実績を踏まえ，経営トップである中央安全衛生委員会議長と連携しながら，全社的計画を提案するのが役割である。

(3)　専門部会委員

　専門部会の性格によって異なるため一定の決まりはないが，部会長にはテーマを担当する部門の責任者があたり，同時に安全衛生委員会委員となり，部会員はそのテーマを持つ職場から選出するのが一般的である。部会員の選出は選出組織の推薦で決まるが，安全衛生スタッフが意見を述べる機会を持つ必要がある。

　なお事務局は安全衛生スタッフが担当することが望ましいが，すべての部会を担当できないときはテーマが業務と最も密接な関係を持つ職場から事務局員を出すことが望ましい。

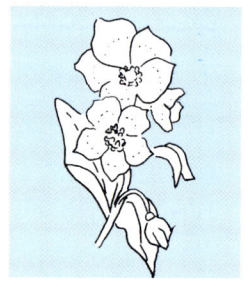

第3章　安全衛生委員会運営

5. 安全衛生基本方針と年間重点方針

(1) 安全衛生基本方針

　事業場が複数あり，中央安全衛生委員会が置かれている企業では，安全衛生基本方針は，全社的統一を図るため通常，中央安全衛生委員会の審議を経て企業のトップから出される。基本方針は企業としての安全衛生ポリシーを示すものであるから大きな情勢変化がない限り年によって大きく変わるものではない。

　中央安全衛生委員会がなく，事業場の安全衛生委員会のみの場合でも長期的安全衛生基本方針はやはり事業者から示されるべきである。

　年度当初の安全衛生委員会に，経営トップが出席して，安全衛生管理の基本方針を説明するなど，事業者が安全衛生委員会の活動に大きな期待を持っていることを態度で示すことが大切である。

　安全衛生基本方針には通常，次のような内容が織りこまれる。

　　イ．労働災害防止について企業責任を明確にしたもの
　　ロ．健康の保持増進について，事業者のポリシーを明確にしたもの
　　ハ．安全衛生推進について従業員の協力を求めるもの等

(2) 年間重点方針（全社レベル）

　その企業の持つ安全衛生の重点課題を示すものであり，中央安全衛生委員会が設けられている場合は，当然中央安全衛生委員会の審議を経て企業トップから示される方針である。

　全社年間重点方針は企業としてのニーズを基にして作成されるものであるから，真のニーズを把握することが検討の前提である。したがって現実の問題点ばかりでなく，法的，社会的，あるいは安全衛生基本方針等を織りこんだ中長期的判断に基づいて策定することが重要である。なお全社年間重点方針の策定にあたっては次の点に注意することが必要である。

　　イ．経営的立場から問題を検討すること
　　　中央安全衛生委員会は企業の立場から安全衛生問題を取りあげるものであるから，計画，実施評価，対策については経営レベルの判断が必要である。例えば個別の対策につ

いても，安全教育か，設備対策か，あるいはマニュアルの作成を中心に行うかについては経営的立場からの判断も必要である。

ロ．全社的立場の他に地区（事業場）特性をも考慮して判断すること

　企業の安全衛生レベルは当然各事業場のレベルが総合化されたものであるから，安全衛生レベルの評価にあたっては全社的判断とともに各事業場の特性も考慮する必要がある。例えば全社の労働災害統計が優秀な成績であっても事業場別では当然バラツキがある。特に労働災害統計は大企業においてはのべ労働時間が多くなることにより，全社的にみると数値の高い事業場の災害発生状況が統計上では薄まってしまうことがあるので，事業場別の統計にも注目しなければならない。

ハ．事業場の特性を失わせないこと

　各事業場にはその事業場の独自の問題点がある。したがって全社的方針であまり詳細な点まで表現するとかえって事業場の独自性が失われるため，全社としての表現は事業場の特性が織りこめるように，あまり詳細な表現はとらないよう注意すべきである。

ニ．全社年度重点方針の例
  a．事前対策による設備災害の防止
  b．KY活動の強化による事前対策の徹底
  c．作業環境測定の強化とフォローアップ
  d．健康づくり活動の推進
  e．安全衛生教育の部門別展開等

(3) 年間活動計画（事業場レベル）

　事業場の年間活動計画は全社方針をさらに事業場の特性にあわせて具体化したものである。この原案は事務局である安全衛生スタッフが総括安全衛生管理者の意向を受けながら作成するものであるが，立案にあたっては次の点に配慮する必要がある。

イ．安全衛生に関する現状把握を十分に行うこと

　事業場における安全衛生レベルを正確に把握するためには労働災害統計，作業環境測定結果，安全衛生パトロール結果等の現状把握資料を有効に活用することが基本であり，それにより事業場の持つ安全衛生問題を正確に把握して方向づけを行うことが重要であ

第3章　安全衛生委員会運営

る。
ロ．将来の変化を反映すること
　現状把握は過去の状況だけが対象となるものではない。近い将来変化することが予想される設備・工法や原材料の変化等を考慮して年間活動計画に組みこむことも必要である。年間活動計画は事業場の近未来に対する活動計画にほかならないからである。
ハ．行政動向を考慮すること
　安衛法を始めとする関係法規は安全衛生活動の基盤となるものであるから，現行法規ばかりでなく入手できる範囲の将来動向も読みこんでおくことが重要である。
ニ．目標値を明確にすること
　活動目標はできるだけ具体的に，できれば数量化して設定することが望ましい。もちろん数量化といっても専門職にしか理解できないような数値では逆効果であり，誰にでも理解できるような目標値でなければならない。
例　＊休業・不休災害0件，赤チン災害半減
　　＊健康診断受診率100％
　　＊全機械設備100％点検実施
　　＊健康測定○○○名以上参加等
ホ．具体的活動の方向づけを行うこと
　安全衛生上のある目的に対する活動内容にはさまざまの方法がある。例えば設備災害に対する安全対策も総合的に行う必要があるが，その重点を設備の安全化に置くか，安全教育か，あるいは安全点検に置くかにより活動方法は異なってくる。
　したがって年間活動計画の策定にあたっては，具体的活動内容を示すものとしなければならない。
ヘ．タイムスケジュールを明確にすること
　年間重点方針をさらに具体化してゆくとタイムスケジュールが必要になってくる。これは活動の責任部署を明確にし，進捗状況を管理するためにも重要である。
ト．年間活動計画の例
　①　事業場の安全衛生計画（30ページ）
　②　部門の安全衛生計画（31ページ）

① 事業場の安全衛生計画

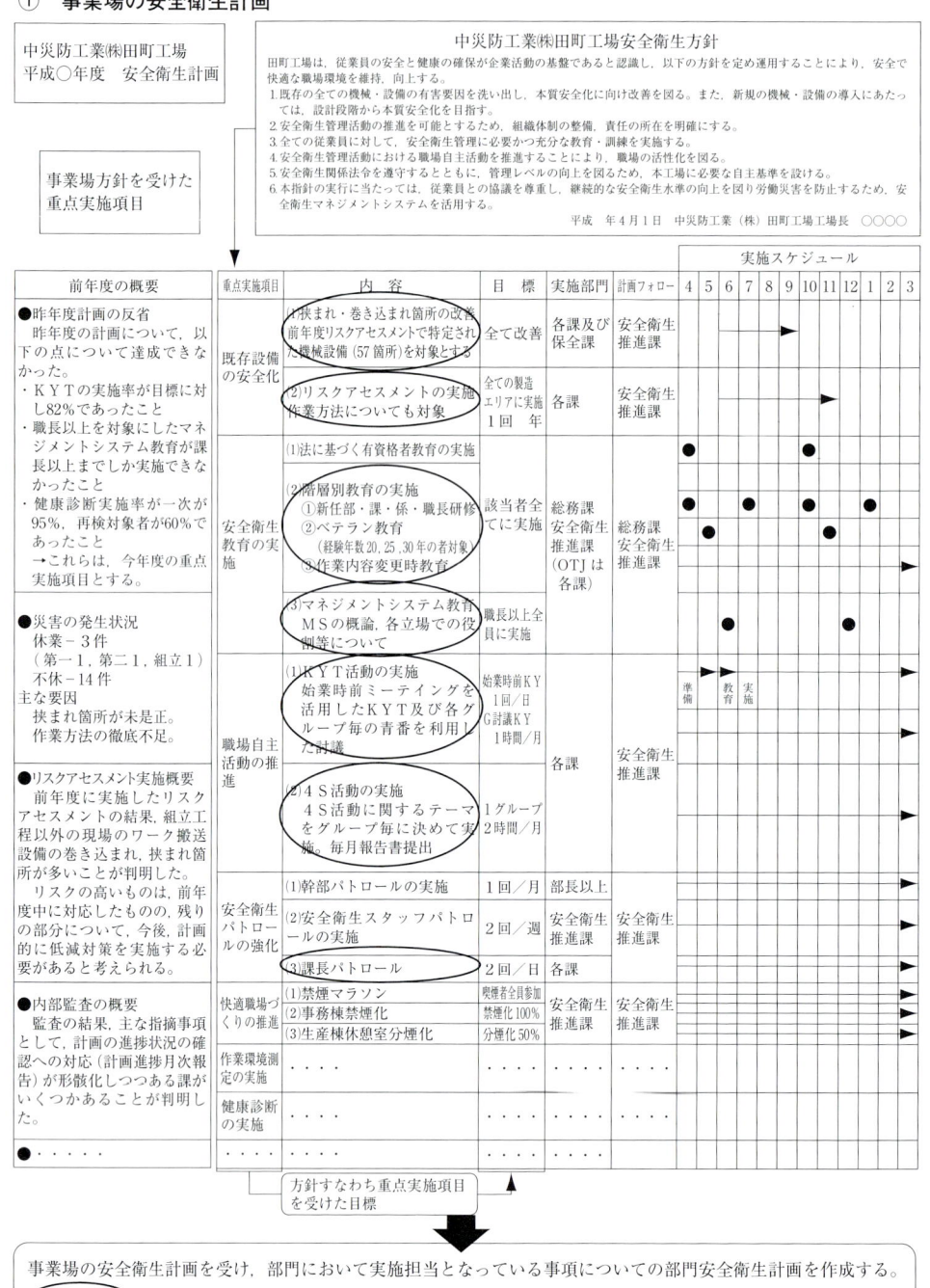

資料「労働安全衛生マネジメントシステム・システム担当者の実務」中央労働災害防止協会

第3章　安全衛生委員会運営

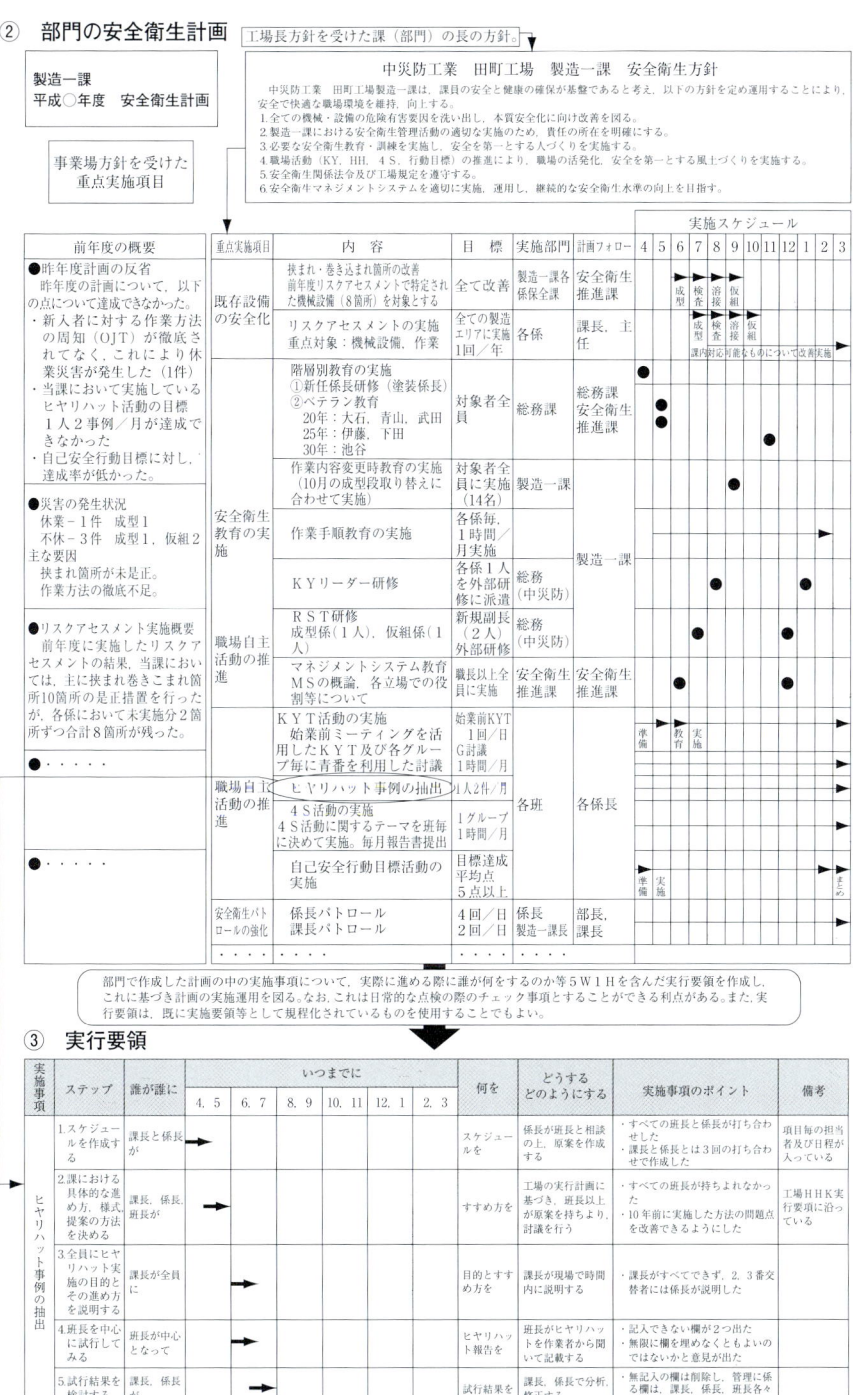

6. 開催準備（事務局）

(1) 安全衛生委員会の開催に関する日程調整

イ．中央安全衛生委員会

　中央安全衛生委員会の事務局（本社安全衛生主管部署）は，各事業場の総括安全衛生管理者等の委員と開催日時の調整を行う。

ロ．事業場安全衛生委員会

　事業場の安全衛生委員会は，毎月1回以上開催することになっている。開催通知は事務局が1～7日前に行うが，さらに前日にもう一度電話やメールで連絡すると確実である。また，安全衛生委員会の開催ごとに次回の日程を確認することも重要であるが，さらに，年間を通じて毎月特定の日を開催日と定めることにより，出席率を上げることも可能である。

(2) 議　題

イ．中央安全衛生委員会

　中央安全衛生委員会では，方針と年間重点方針を中心に審議する。事務局は前もって各事業場から前年度の災害統計・疾病休業統計等の情報を収集しておく。また安全衛生に関する法規の改正などの情報も必要である。

ロ．事業場安全衛生委員会

　法令により定められたもの（7～10ページ参照）のほか，中央安全衛生委員会の方針にもとづき，事業場の安全衛生委員会は，つぎのような議題をとりいれる。

　a．年間計画
　b．前年度の活動評価
　　・災害統計の分析，ヒヤリハット，KYK（危険予知活動），リスクアセスメント等の実績
　　・作業環境測定の結果，問題点，改善点等
　　・健康診断・健康測定結果とフォロー（長時間労働による健康障害，メンタルヘルス関連事項を含む）

第3章　安全衛生委員会運営

　　　　・疾病休業統計
　　　　・その他
　　c. 定例的な報告事項
　　　安全衛生委員会の定例的な報告には以下のようなものがある。報告事項は簡潔にまとめておくことが望ましい。
　　　　・前月の審議結果
　　　　・各職場の安全衛生活動状況
　　　　・各職場のRA，KYK，ヒヤリ・ハット運動等
　　　　・各専門委員会（化学物質・危険物・有害物管理，設備設置，特定機械，健康づくり推進等）の活動
　　d. 安全衛生表彰
　　　無災害記録時間の達成職場や事業場独自の優良安全衛生職場の表彰
　　e. 災害報告
　　　災害が発生した場合，その状況を当該職場の委員または所属長が説明し，原因の確認と対策を報告する。類似災害防止のため，十分審議し再発の防止をしなければならない。場合によっては専門部会に調査依頼することもある。
　　f. 各職場からの付議事項
　　　自職場のみで解決が不可能の場合，例えば安全衛生委員会に付議し意見を求めるような場合は，あらかじめ専門部会に具申しておくと，審議する時間が節約でき，的確な意見を求めることができる。

(3)　開催通知

次頁の例のような様式を作成する。通知先の氏名は予め書きこんでおき，その上から蛍光ペンを引くと便利である。

（例）　開催通知の様式

```
安全衛生委員会委員殿                    ○○年○○月○○日
　氏名　○○，○○，○○，○○，○○，……
                                        安全衛生委員会事務局
              安全衛生委員会開催通知
 1．日　　時　　○○年○○月○○日
               ○○時○○分～○○時○○分
 2．場　　所　　○○会議室
 3．議　　題
       イ．……
       ロ．……
       ハ．……
       ニ．その他
```

(4)　資料づくりと資料の事前配布

　安全衛生委員会で十分な審議を行うためには，必要な資料を事前に配布しておくことが望ましい。各委員に対してはとくに検討してほしい事項を具体的に示しておくと，委員会の席上で十分な審議を行うことができる。安全衛生委員会の下部におかれている安全・衛生・環境・健康等専門部会にも資料を配布しておくとよい。

(5)　議長との事前打合せ

　議長との事前の打合せが審議に重要な意味を持っている。このことにより当日の審議がスムースに進められる。なお，内容のポイントを打ち合わせておくことも効率的である。

(6)　出欠の確認

　安全衛生委員会は全委員が出席することが原則であるが，委員会が始まってから初めて出欠がわかるようでは上手な運営とはいえない。突然の欠席を防止するため，前述したとおり事前に出欠の確認を行うことは重要なポイントである。委員の代理出席は，原則として認めないのがよい。

7. 安全衛生委員会の進行手順

(1) 議長のあいさつ

議長は最近マスコミにとりあげられた安全・衛生・環境問題等，事業場に関係ある事項を短時間に要領よく述べて，委員の意識を高める。なお事務局から事前に情報を提供しておくとさらに効果的である。

(2) 報告事項

安全衛生委員会を効率的に運営するためのポイントは質問以外は行わないことが原則の報告事項と審議事項とを明確に区別することである。こうすることによって，両者が混在することによる時間のロスを防止することができる。なお，開催通知の議題には両者を明確に区別して記載するとよい。

イ．事務局からの報告事項

a. 災害報告（例）

災害発生職場の部署長が説明するが，原因の究明，対策の水平展開をはかることが安全衛生委員会の重要な機能である。

例）災害報告

職場	該当作業	性別	年齢	発生状況	発生原因	対　　策

b. 労働災害統計

労働災害統計は事務局が作成し報告する。

災害統計は安全管理の指標というべきデータであり，事業場のデータばかりでなく，全社データ，さらに同業他社や全産業データ等を含めておくと効果的である。

例) 労働災害統計表

月	当月 ‐‐‐‐ 累積	従業員数	延労働 時間数	休業災害 件　数	労働損失 日　数	不休災害 件　数	度数率	強度率
4								
5								
6								

$$度数率 = \frac{労働災害による死傷者数}{延労働時間数} \times 1{,}000{,}000 \quad (労働災害の発生頻度を表す相対的尺度の指標)$$

$$千人率 = \frac{労働災害による死傷者数}{在籍労働者数} \times 1{,}000 \quad (労働災害の発生頻度を表す相対的尺度の指標)$$

$$強度率 = \frac{労働損失日数}{延労働時間数} \times 1{,}000 \quad (労働災害の傷害の程度を評価する相対的尺度の指標)$$

c. 無災害記録時間

事業場の無災害記録時間数を毎月報告する。

不休災害と休業災害　一般的には，けがをしたが休業を必要としない災害を不休災害といい，休業を必要とする災害を休業災害という。安衛則97条の労働者死傷病報告との関連で，休業4日未満と休業4日以上とに分けて災害統計が示されている。休業日数は，再び出勤した日の前日までの暦日数（土・日・国民の休日を含む。）で計算する。

労働損失日数　傷害に伴う労働損失日数は以下の基準で算出される。(1)後遺症を伴わないものは年間労働日数を300日とし，休業日数に300/365を掛けた数字，(2)死亡，身体障害を伴うものは労働基準法施行規則別表第2の身体障害等級表に応じ次のとおりとなっている。

① 死亡および永久全労働不能
　（障害等級第1級～第3級）は7,500日
②永久一部労働不能

障害等級	4	5	6	7	8	9	10	11	12	13	14
損失日数	5,500	4,000	3,000	2,200	1,500	1,000	600	400	200	100	50

d. 定期自主検査実施状況の報告

　法規に従って実施した定期自主検査の概要を報告する。各職場の安全衛生担当者は，自職場に定期自主検査が必要な機械が設置されている場合は，その設備の表を作成しておくとよい。事務局でも各職場の自主検査がいつ計画され，実施されたかがわかり，設備に問題があったかどうかも確認できる。

例）機械等定期自主検査（安衛法45条関係）報告

機械の名称	管理職場	設置場所	点検日	検査者名	問題点	性能検査日
クレーン						
ボイラー						

例）特定自主検査（安衛法45条第2項関係）報告

設置機械	管理職場	設置場所	点検日	検査者名	問題点	性能検査日
動力プレス						
ボイラー						

ロ．各職場の安全衛生活動の報告

　毎月各職場の安全衛生活動の実施状況を報告する。

例）1　職場で行う安全衛生点検結果（4S関係）

職場名	点検者名	点検日時		
項　目	悪い　1－2－3－4－5　良い	指摘事項	回答期限	
書　庫	悪い　1－2－3－4－5　良い			
ファイル書類	悪い　1－2－3－4－5　良い			
通　路 （80cm幅以上）	悪い　1－2－3－4－5　良い			
休憩室	悪い　1－2－3－4－5　良い			

例）2　職場で行う毒・劇物，有機溶剤等の保管管理状況

薬品名　　成分	含有量　　　　人体に及ぼす作用
名称を表示すべき有害物 　1　アクリルアミド 　2　アセトン 　3　トルエン 　4　…	・化学物質の有害性について表示されているか ・指定保管場所に保管されているか ・決められた保管量をオーバーしていないか ・その他

例）3　職場で行う保護具の管理状況

保護具の種類	
・防じんマスク ・防毒マスク ・保護眼鏡	・個人貸与の個数が満たされているか ・保管，管理状況はよいか（清潔度，規格，吸収缶の能力） ・使用しやすい場所においてあるか ・その他

例）4　職場で行う健康づくり活動の実施状況
　　（THP活動やレクリエーションの参加率で職場の活性度がわかる。）

健康づくり運動	職場レク活動
①歩数計をつけて行う　○歩/日 ②エルゴメーター ③ストレッチ体操	①ソフトボール ②バドミントン ③卓球
参加率：参加者数/全員	参加率：参加者数/全員

第3章　安全衛生委員会運営

例）　職場の危険予知活動，ヒヤリ・ハット活動報告

月		職場名		グループ名	
○○○作業		グループ行動目標		○○○○○○　ヨシ！	
設備改善要望					
現在図			改善図		

ハ．職場の安全衛生改善報告

　　職場における安全衛生改善については，職場巡視結果，ヒヤリ・ハット，機械の点検等の結果により改善の必要な設備等について，その改善された結果を報告する。例えば
・垂直はしごを階段にする。
・重量物取扱作業で手押車，運搬ロボットとする。
等である。

例）　安全衛生改善報告

部署名	設置場所	年　　月　　日
改善名　○　○　設備	改善事由	
改善前の図	改善後の図	
改善費用　　　千円	改善効果	

39

ニ．安全衛生および健康教育の計画と実施状況報告

　新入社員OJT教育，粉じん作業者・有機溶剤取扱者の特別教育，特定化学物質取扱者教育，保護具の着用等の教育，危険有害業務従事者に対する安全衛生教育等の教育の実施状況を報告する。

　例）　安全衛生教育実施状況報告

職場名	月日	教育名	人員	講師名
受講者名				

ホ．安全衛生教育計画の報告

　安全衛生教育について年間スケジュールを作成し報告する。また，実施状況はタイムリーに報告する。

　例）　安全衛生教育計画

月	日	教育の種類	講師(社内外)	内容	時間	講師	備考
4	5	新入社員教育	内	安全衛生	3	安全管理者	配属前
5	10	有害物取扱業務従事者特別教育	内	有機溶剤 特化物	4.5	社内インストラクター	
5	24	危険業務従事者教育	内外	フォークリフト クレーン	各6	インストラクター	
6	2	職長教育	内	安全衛生	12	RSTトレーナー	新任
7	4	安全教育	外	安全	1	外部	
10	6	労働衛生教育	内	労働衛生保護具	1	衛生管理者	40歳以上
11	6	安全教育	内	年末年始	1	安全管理者	全員
1	10	健康教育	内	冬期健康	1	保健師	40歳以上
2	1	健康教育	内	中高年齢者	2	産業医	40歳以上

第3章　安全衛生委員会運営

ヘ．専門委員会報告
　設置された専門委員会の活動状況を報告する。

例）・プレス機械専門委員会活動報告
　　・クレーン専門委員会活動報告
　　・フォークリフト専門委員会報告
　　・公害環境委員会の報告
　　・交通災害防止委員会報告
　　・防災委員会報告

ト．疾病休業統計の報告

例）　疾病別休業統計表

区分 疾病別	休業件数			休業日数 延労働日数	1件あたりの 休業日数
	前月よりの繰越	新患者数	計		
アレルギー症					
呼吸器疾患					
循環器疾患					
消化器疾患					
その他					

チ．健康診断結果の報告
　健康診断結果を報告する。個人名を書かないよう留意する必要がある。

例）　健康診断結果の報告

健康診断名	部　署	作業名	対象者数	受診者数	受診率	結　果	特記事項
定期健康診断							
特定化学物質健診							
有機溶剤健診							
鉛健診							
じん肺健診							

> **定期健康診断** 健康診断はこれまで健康障害や疾病の発見に重点が置かれてきたが，労働者が高年齢化してきたことや，技術革新による職場環境の変化などに対応する管理ができるような健康診断の内容を組み入れて実施する必要がある。そのためには，安全衛生委員会において産業医や健康管理チームの意見を聞き健康診断の内容を審議することが疾病を早期発見するのみでなく，現在の健康状態を正確に把握し生活習慣病等疾病予防に結びつけることとなる。
> 　また，職場の機械化等が進むなかで，ストレス関連疾患等も多くなってきている。今後健康診断の中にメンタルヘルスに対する検査項目も取り入れて行うことが望ましいが，実施後の取り扱いについての報告は，プライバシーに留意する必要がある。
> **特殊健康診断** 職場環境が改善され，各企業ともかなり有害因子が高濃度から低濃度へと変わってきた。しかし，新規化学物質が次から次へと使われてきている中で，健康影響レベルでの変化を把握できる検査項目も開発されている。衛生管理を担当している者はたえず情報を収集し，このような検査項目も特殊健診に組み入れて行くよう努める必要がある。

リ．作業環境測定の結果報告（有機・特化・鉛・粉じん）

　作業環境測定は作業環境測定士が測定・評価し，その結果を安全衛生委員会に報告する。

例）　作業環境測定の結果報告（有機溶剤，特化物，鉛等）

測定対象名	実施月日	対象単位作業場所	結　果	管理区分 Ⅰ	管理区分 Ⅱ	管理区分 Ⅲ	特記事項
有機溶剤 トルエン メタノール … **特化物** アクリロニトリル エチレンイミン … **鉛等** その他							

例） 作業環境測定の結果報告（事務所）

月日	場所	浮遊粉じん	温度	相対湿度	気流	CO	CO_2	評価	特記事項

(3) 審議事項

すでに第2章，第3章の6の(2)，あるいは巻末・参考資料（通達）などで一部触れているが，審議事項について留意点を述べる。

イ．安全衛生計画に基づくもの

年初において，年度方針や年度計画に基づいて計画された事項で，実施すべき時期が来たときに具体案として示されるものである。年度計画で示されただけでは，必ずしも具体的な行動に結びつくとは限らない。計画の具体化とは，いつ，どこを，だれが，何のために，どのような方法で，どのようにするために実施するかを明瞭にすることにより，年度計画が実際に動き出すわけである。この際，予算措置をすることが必要である。さらには，本計画が具体化することによって予測される利点，および問題点が発生するならばその解決策を2，3提示し，審議すれば効果的である。

ロ．発生した問題についての対応

労働災害など突発的に発生した事項の再発防止に関して審議することはもちろんであるが，年度計画に基づき計画的に実施した健康診断，作業環境測定などについても事後措置，改善措置が必要な場合など，災害や職業病発生のおそれがある事態などが発生したならば，その防止について審議の対象としなければならない。

これらについては，放置しておいては企業の根幹をゆるがす問題に発展しかねない緊要なことがらであるので，年度の開始時点で立てられた年間計画に先立ち優先的に審議し実施する場合もあるのである。

なお，災害発生の際に行う災害調査はあくまで同種あるいは類似の災害防止のためのものであり，責任追及のためではないことを念頭において行うべき性質のものである。

ハ．各委員からの提案事項

　各委員からの提案も重要である。これは可能な限り事前に事務局で把握しておき，実施の可能性を高めるためにできるだけ具体的な審議事項とすることが大切である。

ニ．事務局からの提案事項

　事務局が提案する事項については詳細な知識，情報入手が可能であるため，専門性が強調され過ぎることにより，委員の理解が得られない場合もあるので，できるだけ平易な表現とすることが求められる。

　とくに安全衛生の専門用語などを振りまわしては，委員の心証を害しかねないので，委員に通じるようなことばを選び，簡潔に説明する。職場の意向を汲むとともに，理解される必要があることを念頭に置くことが重要である。

ホ．審議事項に関する事前打合せ

　委員会を開催するときに，参加する各委員に審議内容，提案内容についての理解を徹底させるためには，議長や企画者等の委員との事前打合せが重要である。まず議事の進行を司る議長に対しては，議長が審議事項を十分に理解していなければ会議の円滑な運営をはかれないことからも，当然事前に必要な資料を示して打合せを行う必要がある。

　次に，提案を起案した委員との打合せについては提案される議題の内容，議題の説明の分担等についてあらかじめ十分に打合せをしておくべきである。安全衛生委員会を効果的に運営するには，特にこのような議題に関しての事前打合せが必須である。

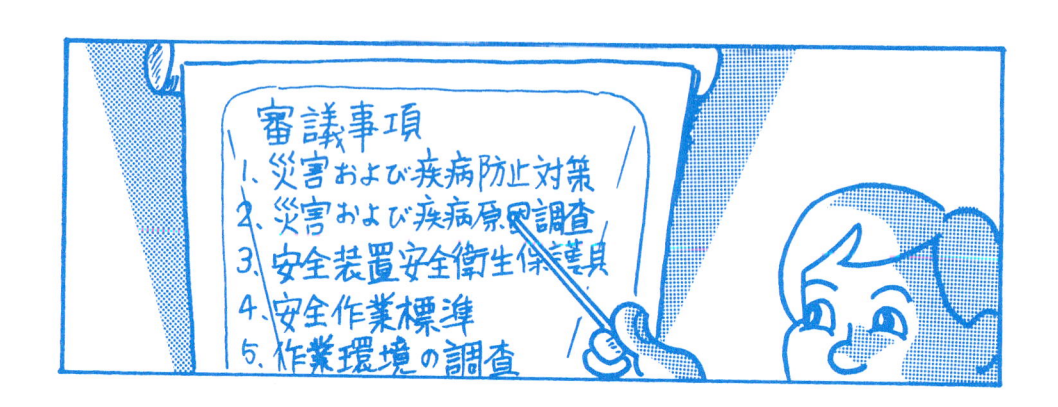

8. 安全衛生委員会運営上の問題点

運営について問題点をいくつか取り上げてみる。

イ．安全衛生委員会は労働安全衛生法に定められている唯一の調査審議する会議であり，毎月定例的に行わなければならない。しかしながら委員会の内容が資料の報告のみになってしまっていては安全衛生委員会の活性化はなくなってしまい，マンネリ化する原因になる。

ロ．小さな労働災害を簡単に処理してしまうことがあるが，この小さな災害の裏には大きな災害の芽が潜んでいるかも知れない。大きい災害ではなかったからといって，職場で原因の調査もせず，対策もせずに終わらせるようなことがあってはならない。労働災害の報告については発生させてしまった職場の部署長が安全衛生委員会に出席して業務災害報告をきちんと行うことが必要である。安全・衛生方針では「安全第一」といっているが，実際には「生産」「品質」を優先してしまうようなことのないよう安全衛生委員会委員全員が心がけなければならない。

ハ．前月の安全衛生委員会で審議し，事業場として実施を決定したものについては，その実施状況を次回委員会で各委員あるいは事務局から正式に報告すべきである。この報告を習慣づけておかないと委員会がやりっぱなしになってしまうので注意が肝要である。

9. 議事録の作成と保存

　安全衛生委員会の議事内容のうち重要なものは，議事録として記録するとともに，これを3年間保存しなければならない（安衛則第23条第4項）。これは，議事録により，決定した事項が確実に実行されたかの確認がとれること，事業場の安全衛生上の問題点や課題を明確にすることができるなどの趣旨によるものである。

　安全衛生委員会に参加していなかった関係者にとって議事録は貴重な情報源であるから，必要な情報が正確に伝わるよう作成する必要がある。タイトルや重要なことは太字を使い，資料の見出しには，資料1，2，……と記入することが望ましい。また，期限があるものは期限を明記する。

　議事録作成は，一般に事務局が担当するが，事務局は審議事項の説明など議事録作成以外の重要業務を担当することが多いので，補助的な記録者を置くか，録音機器などで記録を残しておくことが望ましい。

例）　議事録の記載事項

```
1．開催日時　　○月○日　○時〜○時まで
　　　　　　　　時間は終了時刻まで記載することが望ましい。
2．場　　所　　○○会議室
3．出　席　者　○○，○○，○○，○○，○○○，○○
　　　　　　　　出席者名は，できれば記載する。また欠席者や遅刻者名も記載すると遅刻・
　　　　　　　　欠席の防止にもなる。
4．議　　題　　議題は報告事項と審議事項を明確に分けて記載する。
5．議事の概要及び合意事項
　　　　　　　　議事の概要を記載するとともに，その合意事項はわかりやすく表現する。
　　　　　　　　担当部署・実施時期などについても記載することが望ましい。
6．そ　の　他　特記事項を記載する。（関係資料の一覧を含む。）
```

10. 議事録の概要の周知

　安全衛生委員会の結果は，委員会の委員だけのものではなく，報告事項や決定・実施事

項など関係職場に知らせる必要があることから，議事録の概要を労働者に周知することとされている（安衛則第23条第3項）。そのことが，安全衛生委員会の透明性を確保することとなり，委員会の活動の活性化に役立つものである。議事録の概要は，業務組織のラインを通じて説明するとともに，掲示など文書の形で周知する必要がある。

11. 安全衛生委員会のフォローアップ

安全衛生委員会が終われば安全衛生活動のすべてが終わるわけではない。むしろ安全衛生委員会は安全衛生活動のスタートと考えるべきものである。とくに事務局を担当する安全衛生スタッフにとっては，安全衛生委員会終了後に重要な業務が多い。

(1) 議事録の配布

安全衛生委員会の結果は安全衛生委員会の委員だけのものではなく，報告事項や合意・実施事項等を関係職場に知らせる必要があるので，議事録は早急に配布し，委員会の概要を労働者全員に周知する。

(2) 事業者としての正式な指示

安全衛生委員会は調査審議する場であるので，委員会で合意された事項のうち必要なものについては，正式に事業者が決定し指示を出す必要がある。

(3) 審議合意事項に対する役割分担の確認

　安全衛生委員会の審議合意事項は，担当部署，スケジュール等を明確にする必要がある。関係部署が複数あるような事項は，事業者としての指示として改めて事務局から関係部門長に正式に調整等を依頼することが大切である。

(4) 活動状況のチェック

　役割分担が決定され，具体的行動に移る段階を含めて，タイムリーにフォローアップすることが望ましい。また事務局は，職場が活動しやすいように必要な援助を行う。

第4章　安全衛生委員会活動の評価

　安全衛生委員会活動が所期の狙いを達成しているかどうかを評価することは重要である。安全スタッフとしては少なくとも1年に1～2回は次ページの点検表に基づいてチェックしてみる必要がある。

＊総合（No. 1～6）
　安全衛生委員会の機構に関する項目である。とくに注意する点は開催頻度が安衛則で定められている月1回以上をクリアーしているかということである。組織だけが整備されていても実際の活動ができていなければ無意味だからである。

＊議題（No. 7～10）
　安全衛生委員会活動の最大のポイントはやはり審議事項の良し悪しにある。定期的に開催される安全衛生委員会では前回の合意事項およびフォロー状況，他社を含めた最近の災害発生状況，下部組織の活動状況の報告に始まり（No.7～9），新たな活動計画等が提案される（No.10）。

　もちろん，審議事項で提案される内容は目的，実施内容，担当，時期等が明確に示されたものでなければならない。

＊準備（No.11～14）
　議題を準備しただけで安全衛生委員会に臨んでは効率的運営は困難である。議長を始め，

安全衛生委員が会議に出席して初めて議題を目にするようでは十分な審議は期待できない。まず準備した審議資料は開催数日前にはすべての安全衛生委員会委員に配布しておく必要がある。そうすれば安全衛生委員は事前に資料に目を通し，意見や質問事項を準備できるため委員会のスムーズな運営が期待できるのである。(No.12)

　さらに議長との事前打合せも重要である。報告事項のあらまし，審議事項の狙い，内容，さらに全体のタイムスケジュール等を打ち合わせておくことは会議の効率的な運営のためには必要不可欠である。(No.13)

＊実施（No.15～20）

　運営にあたっては報告事項と審議事項を明確に区別する必要がある。両者が混同される

安全衛生委員会実施状況チェックリスト

分類	No.	項　　目	採点 5	4	3	2	1
総合	1	委員数のバランスはとれているか（議長を除く委員の半数は労働者代表推薦による）					
	2	議長の人選は正しく行っているか					
	3	産業医はメンバーに入っているか					
	4	安全衛生委員の発令をしているか					
	5	月一回以上開催しているか					
	6	下部組織を持っているか					
議題	7	災害統計の報告をしているか					
	8	前回の合意事項に対するフォローをしているか					
	9	年度安全衛生方針に対する実施状況をまとめているか					
	10	活動計画等の審議事項は具体案になっているか					
準備	11	開催通知は出したか					
	12	資料は事前に配布してあるか					
	13	議長等と事前の打合せは行ったか					
	14	出席者の確認は行ったか					

第4章　安全衛生委員会活動の評価

と既成の事実であるはずの報告事項にまで必要以上に多くの意見が出され，審議事項にかけるべき時間が制約を受けるおそれがあるからである。(No.15)

とくに審議事項に関する結論の確認は重要である。

出された結論を会議の席上で確認するとともに，合意事項に対する担当者，実施時期を明確にすることは後のフォローのために重要である。(No.16～17)

安全衛生委員会終了後は議事録の作成が重要な仕事になる。議事録は，安全衛生委員会出席者はもとより参加しなかった関係者にとっては唯一の情報であるため，正確なばかりでなく，議事録のみでもただちに必要な行動がとれるだけの情報が入っていなければならない。(No.18)

したがって議事録を配布する範囲は安全衛生委員ばかりでなく，合意事項によって活動が必要なすべての関係者に配布し，その内容を周知する必要がある。議事内容の周知は，掲示やコンピュータネットワークによる方法でもよい。(No.19)

分類	No.	項　目	採点 5	4	3	2	1
実施	15	審議・報告事項は区別されているか					
	16	出された結論を確認したか					
	17	合意事項に対する担当・実施時期を決めたか					
	18	正確な議事録を作成したか					
	19	議事録等を必要な人に配布し周知させたか					
	20	決定事項に対するフォローを行ったか					
		合　計（○印の数）	(V)	(W)	(X)	(Y)	(Z)
		平　均（　　．　点）					

評価点	該当する採点欄に○印をつける。 5点　理想的な水準で行われている 4点　期待された以上の水準である 3点　ほぼ期待された水準に達している 2点　不満は多いが何とか実施されている 1点　目的は達せられていない 平均点＝$(5v+4w+3x+2y+z)/100$ 　　　（vwxyzは各採点ごとの度数）

第5章　安全衛生委員会の活性化への提言

　安全衛生委員会は，第1章で述べたように事業場の安全衛生および健康管理の問題について，調査審議する場である。言いかえるならば，事業場の労働災害や健康障害を防止するための方向性を定め，推進するための重要な機構である。

　したがって，安全衛生委員会活動が活発化している事業場ほど，安全衛生活動に対する関心が高く，また安全衛生管理のレベルが高いということができる。

　安全衛生委員会の活動が十分ではない，議題がない等の声をよく聞くが，これは安全衛生活動のマンネリ化に由来することが多い。この状態がどのようなものであるのか考えてみよう。

1. 安全衛生委員会のマンネリ化現象

　安全衛生委員会がマンネリ化しているとは，次のような状態ということができる。

(1) 議題がいつも同じパターンである

　安全衛生委員会の議題，すなわち調査審議事項については，第2章3の調査審議事項で述べたとおり多くの議題となるべき項目がある。現実にはこれらの項目のうち，毎月報告する事項も多い。さらに審議事項としてあげられるものが毎年，同様のものが多い。

(2) 発言者がかたよる

　安全衛生委員会の議長は総括安全衛生管理者で，事業場のトップであるが議長があまり発言し過ぎると，他の委員が発言を遠慮することがある。また，労働者代表推薦の委員についても労働組合の役員レベルばかりが発言してしまうと他の委員が発言を遠慮することになりかねない。

(3) 安全衛生委員会が職場と必ずしも直結していない

　安全衛生委員会の事業場側委員は，産業医を除いてラインの長であるポストの人が就任しているケースが多いが，そのすべてのライン長が委員になっているわけではない。

　ラインの長であるならば，安全衛生委員会の調査審議事項は，自分の職場の問題でもあ

ることが多いため，職場に帰ればその情報を職場に提供する等により合意した対策の実行の準備にかかることができる。委員でないライン長の場合については安全衛生委員会の情報がわからないと職場で安全衛生委員会で合意した対策の実施の準備ができなくなる。

(4) 安全衛生委員会が労使の立場での発言になる

安全衛生委員会の委員の選出は，確かに総括安全衛生管理者を除き半数の委員が，労働者代表推薦という方法での委員選出であるが，安全衛生委員会そのものは，労使が協力して，事業場の危険や健康障害等の防止策をいかに確立するかということを基本に調査審議する場である。このことは，通達（82ページ参照）でも「安全衛生委員会の運営について，従来の過半数決定の規定を削除したのは，安全，衛生問題の本来的性格から，労使の意見の合致を前提とすることが望ましいという見解に基づくものであること」と述べている。

2. 安全衛生委員会を活性化するために

安全衛生委員会は本来，安全衛生を審議する場であるから事業場の安全衛生の向上を審議事項の中心とすれば，必ず活性化することができる。
上記のマンネリ化現象を防止するためのポイントを以下に述べてみる。

(1) 安全衛生委員会の年間活動計画の策定

安全衛生委員会は，報告事項も大切であるが，計画等を審議することがより重要な機能である。例えば，今後1年間の事業場の安全衛生計画に従った活動を具体的に進めるにあたって，事業場の労使が協力してその基本的な活動項目を審議したものであることが，活動展開には重要である。また，一般の委員の立場からいうと，審議事項がこのあと自分の職場に展開されたときに自分がやり難くなることのないよう，きちんと意見を述べることとなる。

さらに，安全衛生委員会としての年間活動計画を策定し，月々審議する事項を予め決めておくことにより，報告だけの安全衛生委員会ではなく，審議をする機能を持った安全衛生委員会となる。安全衛生委員会で審議する事項の年間計画の例を次頁にあげる。

例）月別審議事項

	安全衛生委員会の月別審議事項（案）
	審 議 事 項
1月	新任管理者の安全衛生教育計画
2月	年度安全衛生方針
3月	新入社員の雇入れ時安全衛生教育計画
4月	年度健康診断計画
5月	全国安全週間準備期間，本週間の計画
6月	夏季の労働災害防止計画
7月	夏季休暇中の交通事故防止計画
8月	全国労働衛生週間準備期間，本週間の計画
9月	健康づくり活動計画
10月	監督者安全衛生教育計画
11月	冬季の交通事故防止計画
12月	年末年始の労働災害，交通事故防止計画

(2) 安全衛生委員会の議題の事前の調整

　安全衛生委員会の議題が決まり，開催案内をすると同時に，各委員に対して資料の配布を行いながら，特に審議事項の趣旨や主なポイントを事前に説明し，発言を促すことは重要である。
　また，報告事項についても，報告を行う委員に対し，特に報告内容のポイントについて事前調整をしておくことが望ましい。
　このような各委員との事前の調整により，委員も発言の準備ができ，また，事務局も各委員の意見を事前に把握することができるという利点がある。

(3) 議事録の活用

　安全衛生委員会の議事録の作成と周知，および保存については，労働安全衛生規則で規

第5章　安全衛生委員会の活性化への提言

定されていることは第2章4で述べたとおりである。この議事録は，各委員が職場で報告したり，あるいは職場展開するとき補足的に説明するうえでも有用である。

　また，この議事録をもとに，各委員に活発な活動を促すことも可能であり，単に記録の保存という意義のみならず，その活用も図られるべきである。

(4)　議長のリーダーシップ

　安全衛生委員会の議長は，事業場のトップである。それだけに発言の影響も大きいことから，議長が独断で進行することを防止するための議事進行の打合せとともに，発言の少ない委員へ発言を促すことを依頼する等，議長との事前調整を行っておくことも必要である。

わが社の安全衛生委員会活動

1. 事務機製造業

1. 安全衛生管理体制

わが社は事務用機械器具製造業であり，安全衛生管理体制は**表1**のようであり，安全衛生委員会の下部機構として専門部会である安全衛生部会，健康部会，防災部会，防爆電気安全部会，交通部会がおかれている。

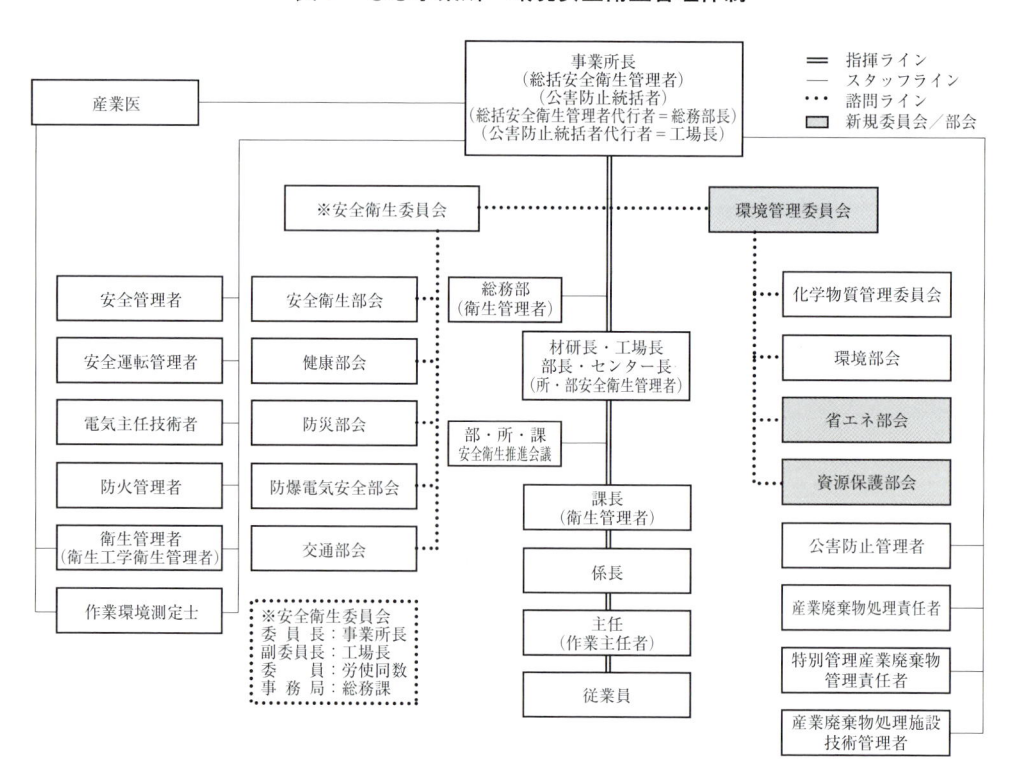

表1 ○○事業所　環境安全衛生管理体制

2. 安全衛生委員会委員の選任

安全衛生委員会は，会社側からは主要部門の部長が選任され，またその部長は専門部会の長を兼ねることにしている。組合側委員は執行委員から推薦されている。

3. 安全衛生年間計画の作成

安全衛生年間計画の作成，安全衛生委員会委員の選任は安全衛生委員会で審議決定した**表2**のようなスケジュールに従い，事務局で行っている。

年間計画は毎年度初（10月21日），主任以上の管理監督者層を集め，安全衛生方針説

表2 安全衛生（地球環境）活動関連スケジュール
(○年度レビュー/△年度実施計画書作成
□部会メンバー/法的任命者選任)

項目	担当	納期	9月度	10月度	11月度	12月度	備考
1．○年度レビュー＆○年度実施計画書作成について							
①各部会○レビュー資料作成 →△年度実施計画書ドラフト作成	各部会長	10/1 →10/20	レビュー→	10/1 ドラフト 10/20			
②各職場○年度レビュー資料作成 →△年度実施計画書ドラフト作成	各職制	10/1 →10/20	→	10/1 10/20			
③×月度安全衛生委員会審議 ○年度レビュー＆ △年度安全衛生方針検討		10/12 →10/21		審議資料まとめ ▽10/12 安全衛生委員会 △年度方針案検討 ▽10/21 安全衛生説明会 （○レビュー/△方針説明）			
④各職場△実施計画見直し/決定	各職制	11/5			→11/5		
⑤各部会△実施計画見直し/決定	各部会長	11/5			→11/5 見直し/決定		
2．△年度部会メンバー＆法的任命者選任について							
①△部会メンバー案提出 法的任命者案作成 →安全衛生委員会確認	各部会長 事務局	10/1 10/12		10/1 事前検討 ▽10/12 安全衛生委員会確認			
②部会メンバー各職場確認 法的任命者各職場確認	事務局	11/5			→任命書作成 10/29 ▽11/5 新規任命者のみ任命予定		
③任命式	事務局	11/5					

明会の席上で説明している。これをもとに各部会，職場に対して職場／部会安全衛生年間計画の作成を指示し，この回答を事務局が回収・確認して全体の状況を把握・調整するようにしている。

4. 月度安全衛生委員会の運営

(1) 事務局としての安全衛生委員会に対する心がまえ（事務局の運営態度）
- 安全衛生年間計画（各職場・部会・点検等の法的実施事項等）に対する月度毎の把握を行い，未実施事項に関する部会長へのフォローを要請する。
- 計画行事や新規行事につき，具体的内容を担当部署から提案，審議する。
- 災害，事故，作業環境の異常等が発生した場合は，調査・報告・審議をし，再発防止の徹底を図る。

これらにつき事務局は事業場の活動の進捗状況を把握しつつタイムリーに議題にのぼるようフォローしている。なお，活動の進捗状況の把握手段としては，
- 事故・災害・異常報告
- 職場安全衛生報告
- 作業環境測定結果
- 健康診断結果

等のほか，部会の事務局は総務部で担当しており，委員会の事務局の間近にいるので，スムーズに作業を遂行できる体制にある。

(2) 安全衛生委員会の開催日

年度初に事業所全体の主要会議の定例開催日が決められ，安全衛生委員会は毎月第2火曜日午後に定例開催されるので，委員である部門長のスケジュールも事前に決定できる。その上事前の出欠確認のため1～2週間前に開催通知をし，返事をもらうことにしている。

なお，会議は会社側・組合側それぞれ半数以上の出席をもって成立することとなっているので，議長が欠席の場合は総務部長が代行するようにしている。

(3) 安全衛生委員会の資料
① 表紙　その月の議題がわかるように議題を記入している。(表3)
② ○○年度安全衛生委員会指示／指摘事項フォロー（表4）

災害等発生の場合，誰が，いつまでに，何をするのかについての指示／指摘を明確にし，進捗状況を毎月報告し，完結を報告した翌月から消すようにしている。
③　〇月度安全衛生（環境）状況報告書（審議用）**（表5）**
　事業所全体の年度目標に対して進捗の現状を毎月把握できるようにしている。また，

表3　□月度安全衛生委員会資料

□月度安全衛生委員会
月度報告書

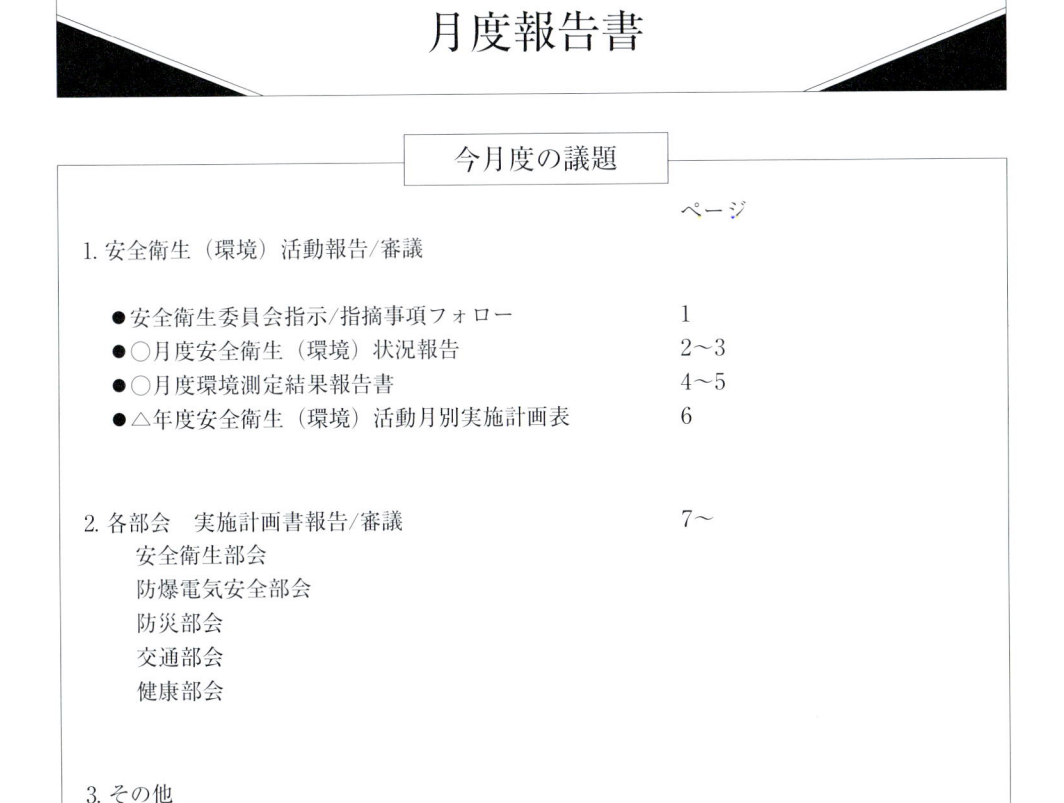

今月度の議題

	ページ
1. 安全衛生（環境）活動報告/審議	
●安全衛生委員会指示/指摘事項フォロー	1
●〇月度安全衛生（環境）状況報告	2〜3
●〇月度環境測定結果報告書	4〜5
●△年度安全衛生（環境）活動月別実施計画表	6
2. 各部会　実施計画書報告/審議	7〜
安全衛生部会	
防爆電気安全部会	
防災部会	
交通部会	
健康部会	
3. その他	

安全衛生委員会事務局

表4 ○○年度安全衛生委員会指示／指摘事項フォロー

※実施済みおよび安全衛生委員会で報告済みのものについては記載を削除してあります。

No.	年月度	指示／指摘事項	実施事項	責任部門	納期	達成完結の状況

□未了のもの

表5 ○月度安全衛生（環境）状況報告書（審議用）

無災害時間： 実績／計画　　　　件数： 月件数／累計

分類	項目	管理特性	結果	目標	11	12	10	結果
労災	無災害時間	万時間	万時間	万時間				万時間
	休業災害	件数	件	0件				件
	不休災害	件数	件	0件				件
通災	加害災害	件数	件	0件				件
	被害災害	件数	件	0件				件
		件数	件	0件				件
爆発	大爆発	件数	件	0件				件
	小爆発	件数	件	0件				件
	火災	件数	件					件
作業環境	法定Ⅲ 特化物	件数	件	0件				件
	有機溶剤	件数	件	0件				件
	改善状況	改善未了件数	件	0件				件
	自主Ⅲ 粉じん	件数	件	0件				件
	有機溶剤	件数	件	0件				件
	改善状況	改善未了件数	件	0件				件

〔報告／審議事項〕

この報告書に記載される事項は，安全衛生委員会の報告／審議事項である。

さらに，各職場の安全衛生活動を把握する一環として各職場からの安全衛生月報の提出状況を把握し，未提出の部門には，部門長経由で提出を催促している。

わが社の安全衛生委員会活動

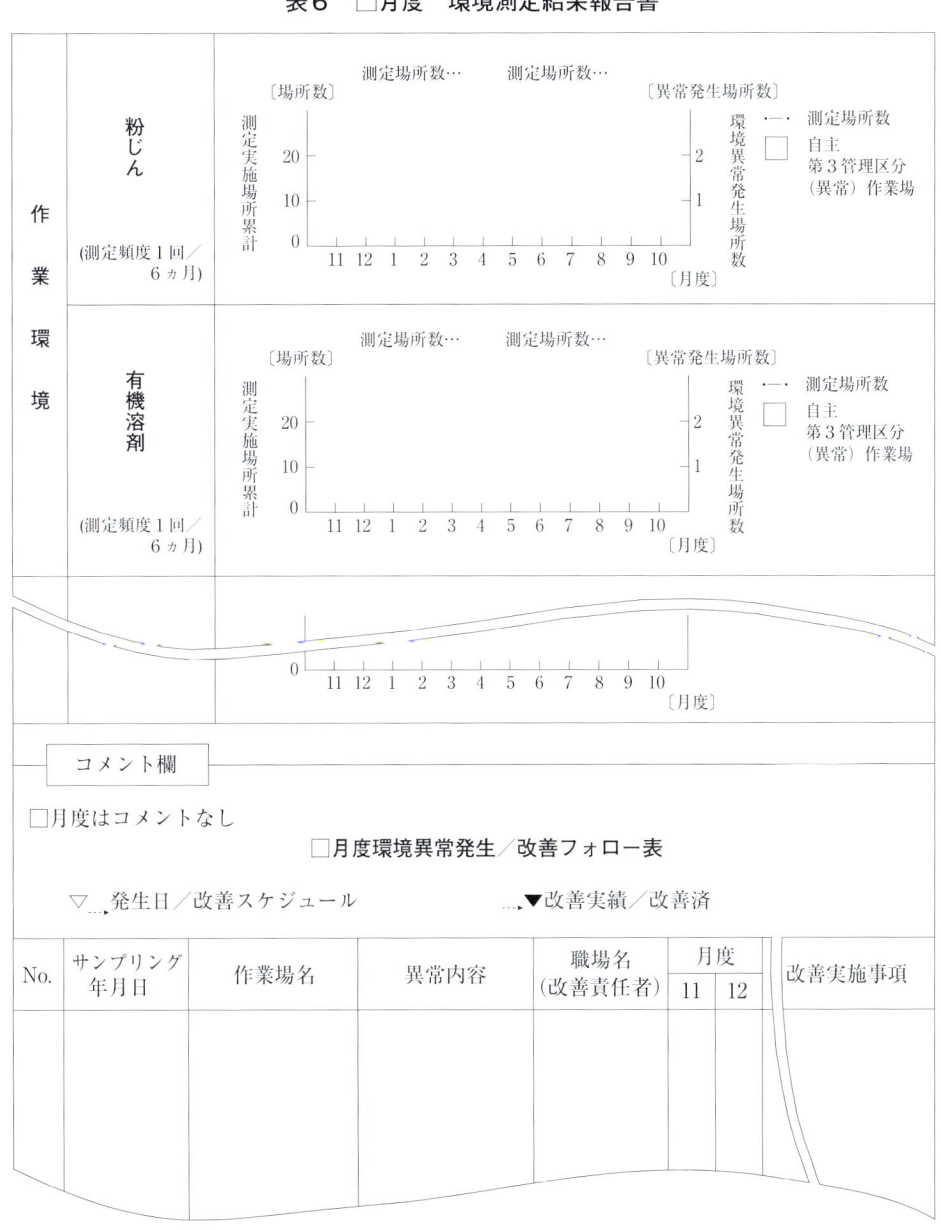

表6　□月度　環境測定結果報告書

作業環境	粉じん (測定頻度1回／6ヵ月)	〔場所数〕測定実施場所累計　測定場所数…　測定場所数…　〔異常発生場所数〕環境異常発生場所数 20／10／0　11 12 1 2 3 4 5 6 7 8 9 10〔月度〕　2／1　── 測定場所数　□ 自主第3管理区分（異常）作業場
	有機溶剤 (測定頻度1回／6ヵ月)	〔場所数〕測定実施場所累計　測定場所数…　測定場所数…　〔異常発生場所数〕環境異常発生場所数 20／10／0　11 12 1 2 3 4 5 6 7 8 9 10〔月度〕　2／1　── 測定場所数　□ 自主第3管理区分（異常）作業場

0　11 12 1 2 3 4 5 6 7 8 9 10〔月度〕

コメント欄

□月度はコメントなし

□月度環境異常発生／改善フォロー表

▽…発生日／改善スケジュール　　　…▼改善実績／改善済

No.	サンプリング年月日	作業場名	異常内容	職場名（改善責任者）	月度 11　12	改善実施事項

④　□月度環境測定結果報告書および□月度環境異常発生／改善フォロー表（**表6**）

　　計画に対する実施状況を報告し，異常が発生した場合，フォロー表を用い委員会で改善進捗状況を報告し，改善終了の報告をした翌月から消すようにしている。

表7　○○年度安全衛生

☐ :実施中／済み

項目／月		11	12	1	2	3	4
強調項目		安全衛生年間実施計画書の作成 委員会／部会 法的任命者選任	年末年始無災害強調月間	←	保護具着用強化月間	←	春の交通安全運動
実施内容		同上 任命書発行	年末年始の災害防止 整理整頓の実施	← ← 安全衛生祈願	保護具現状調査 看板設置 ビデオ貸出 ニュース発行		
定期実施事項	点検	消防設備点検(1) (自火報／誘導灯) (外観・機能)	冷凍機保安検査 CE自主点検(1)		消防設備点検(2) (外観・機能)	ダムウェーダ性能検査	エレベータ性能検査(1)
	教育訓練					3／末 職長教育(1)	
					安全・防災・防爆・交		
	健康診断			特殊健康診断(1)			健康統計作成
	環境測定			飲料水分析(1)		作業環境測定(1)	騒音測定(1)
社外関連行事		高圧ガス危害予防週間 秋の火災予防運動	12/15〜1/15 年末年始無災害運動	消防出初式 防火安全協会安全祈願 安全協会安全祈願		春の火災予防運動	春の交通安全運動

⑤　○年度安全衛生防災活動月別実施計画表（**表7**）

　　事業所全体に関する主要行事や法的実施事項を一表に記載し，終了したもの，実施中のものは太枠で囲うようにし，進捗状況が容易に把握できるようにしている。

62

防災活動月別実施予定表

5	6	7	8	9	10	11
総合防災訓練	全国安全週間準備期間 二輪指導	全国安全週間行事の実施	電気安全強調月間	全国労働衛生週間準備期間	全国労働衛生週間行事の実施 交通法令講習会 秋の交通安全運動	第○回安全衛生方針説明会
	安全意識高揚活動の実施	←	感電事故防止活動の実施	労働衛生意識高揚活動の実施	←	レビュー＆方針説明 安全衛生コンテスト表彰
計画的実施調整						
	エレベータ性能検査(2)	安衛委員会巡視		保護具巡視		
ボイラー性能検査(1) 危険物施設定期点検	消防設備点検(総合)(3)(自火報/誘導灯) CE自主点検(2)	局排点検	ボイラー性能検査(2)	エレベータ性能検査(3) 浄化槽点検 消防設備点検(4)(消火器他)(総合)		
	管理者安全教育 消火器取扱訓練 職長教育(2)	救急法訓練 管理者安全衛生教育	消火技術大会訓練	市消火技術大会訓練 消火技術大会		
通・健康教育計画的実施調整						
		定期健康診断 特殊健康診断(2)				
飲料水分析(2)	地下水分析		局排ガス測定 飲料水分析(3)	作業環境測定(2)	騒音測定(2) 飲料水分析(4)	
	全国安全週間準備期間	全国安全週間	危険物安全週間準備月間	全国労働衛生週間準備期間 危険物安全週間	全国労働衛生週間 秋の交通安全運動 消火技術大会	

⑥ 各部会月報

　前記①～⑤のほか各専門部会からの月報を添付し，各部会長から報告している。

　また，部会から提出事項のある場合，あわせて提出資料を入れ報告・審議している。

(4) 安全衛生活動強化のための安全衛生委員会活動（表8）

　安全衛生のライン活動を強化するための一環として，安全衛生委員会巡視をしている。この巡視は，着眼点を職制の日常活動におき，安全衛生委員を数班に分けて各職場を巡視させて評価し，結果を各職場にフィードバックしている。

5. おわりに

表8　職場安全評価チェック

面談月日	年　月　日	部会者	
職場名		面談者	

No.	チェック項目	チェック内容	評（良い ←）					
1	部下の教育	入社時の安全教育実施状況（記録表でチェック）	実施率100%	5点	実施率90%以上～100%未満	4点	実施率70%以上～90%未満	3点
		転入時の安全教育実施状況（記録表でチェック）	実施率100%	5点	実施率90%以上～100%未満	4点	実施率70%以上～90%未満	3点
2	職場巡視	巡視実施回数（1年間○回のうち）対計画実施率	実施率100%	5点	実施率90%以上～100%未満	4点	実施率70%以上～90%未満	3点
		毎月のフォロー状況（記録表でチェック）	毎月1回以上フォロー	5点	2ヵ月1回程度フォロー	4点	3ヵ月1回程度フォロー	3点
3	職場安全衛生会議	開催状況（1年間12回のうち）合計実施回数	8回以上	5点	6回	4点	4回	3点
4	災害ニュース啓発活動	PR実施状況（災害ニュース等のPR実施状況）	朝礼等で口頭/肉声PR回覧/掲示	5点	回覧/掲示のみ	4点	回覧のみ	3点
5	管理面全体	安全衛生に対する職場＆Mgt姿勢	職場独自のことをする等，積極的に活動している	10点	ほぼ計画どおり月並みに実施している	8点	年間計画があるが未実施項目が目立つ	5点

わが社の安全衛生委員会活動

　わが社の安全衛生委員会活動の一部を紹介したが，事務局としては今後も安全衛生活動のPDCA（P：各事業場安全衛生年間計画，各職場安全衛生計画，D：計画に基づく実施，C：安全衛生委員会等を通じての活動のチェック／フォロー，A：不具合があるときの改善）のサイクルが有効にまわるように安全衛生委員会等を通じてフォローし，最終的に年間目標である「災害ゼロ」や「快適職場形成」等のために，種々工夫を重ねている。

リスト（年度）

価 → 悪い				備　考
実施率50%以上〜70%未満	2点	実施率50%未満	0点	教育対象者　社員すべてを含む 実施率は教育済み／対象者×100
実施率50%以上〜70%未満	2点	実施率50%未満	0点	
実施率50%以上〜70%未満	2点	実施率50%未満	0点	実行計画書に対しての実施率
4ヵ月1回程度フォロー	2点	未実施	0点	実施結果に対してのフォロー回数
3回	2点	0〜2回	0点	部課単位で評価　□ヵ月の合計
ちょこっと口頭で言った	2点	何もしていない	0点	災害ニュース・安全衛生ニュース・災害報告など
言われたらやる程度で消極的。年間計画なし	2点	ほとんど何もない（活動／計画）	0点	年間計画等を参考にして職制の安全衛生管理の実態を把握して評価してください。
評価点合計			点	

わが社の安全衛生委員会活動

2．電機製造業

　当事業所は電気機械器具製造業であり，工場，技術，購買，管理の各部門から成り，安全衛生委員会の組織は総括安全衛生管理者の下で事業所全体の安全衛生活動方針を審議策定する安全衛生委員会，ライン安全衛生管理を推進する部門安全衛生会議から成っている。

1．安全衛生委員会活動の進め方

　その活動は毎年度初に策定される「事業所労働安全衛生推進活動計画」に基づき，各部門ごとにそれぞれの実情にあわせた「部門労働安全衛生活動計画」を作成し活動を進めている。この活動は各部門安全衛生会議が中心となり行っている。この会議は部門安全管理者を議長に，衛生管理者，安全衛生推進者，作業主任者その他部門内選出のメンバーをあわせ，15～20名ほどで構成されており，毎月定例に開催されている。

　この会議では委員会での審議事項，災害発生事例，職場巡視結果に基づく処置，対策の実施状況，産業医巡視結果，ヒヤリ報告，および部門内の安全衛生の問題点について討議される。討議内容は事務局で全体に共通するか否かを検討して，共通するものについて安全衛生委員会に報告される。

(1) **開催日時**

　年初に年度会議日程が決定される際，安全衛生とくに労働衛生事項審議には，専門職のアドバイスが必要であり，専門職が都合のよい日程として，第2週の金曜日が選ばれた。

(2) **メンバーの構成**

　総括安全衛生管理者（事業所長），同代理者（副所長：安全衛生委員会議長にあたる），産業医，産業看護職，安全管理者，衛生管理者，組合側代表を含め28名で構成されている。

(3) **議　事**

　　イ　進　行

　　　総括安全衛生管理者またはその代行者が議長となり議事を進行する。

ロ　審議事項
① 労働災害発生状況

前月発生の労働災害につき，発生部門の管理者から発生状況，原因，再発防止策を報告し，委員と検討のうえ，内容によっては総括安全衛生管理者，産業医等の指示，アドバイスも行われる。事業所全体への水平展開については事務局が，他部門への水平展開については本社安全衛生委員会を通じて行っている。

② 労働災害月報

前月発生の労働災害について部門別に，発生件数，傷害の程度（休業・不休の別），起因物別，災害の種類別，傷害部位・状態別，延発生件数，度数率，強度率をまとめたものを報告する。

③ 労働災害発生状況の報告

年初から安全衛生委員会開催前直近月末までの災害発生状況のまとめを報告する。

④ 産業医職場巡視結果の報告

安全衛生委員会開催の前日，産業医，産業看護職，事務局により職場巡視を行う。毎回巡視対象を選定し，労働災害発生部門については対策実施の検証を兼ねて行う。巡視結果は事務局から安全衛生委員会へ報告し処置を依頼する。これら指摘事項については産業医からも専門的立場からアドバイスしている。

⑤ 部門職場巡視結果報告

部門安全推進者等が実施した巡視結果から事業場全体に共通する事項と，部門として問題のある事項とを事務局で抽出し，今後の当該問題の処置につき確認をする。

⑥ 全国安全週間・全国労働衛生週間行事への取組み

全国安全週間準備期間中には安全標語・ポスターを募集し，応募作品に対する審査を行い入選作品を決定する。また，安全衛生委員全員を4班に分け，2週間に分けて所内を巡視する。

また全国労働衛生週間準備期間には，安全衛生委員のほか化学物質環境安全管理委員会委員，衛生管理者を加え，巡視を実施する。そして本週間ではそれぞれの週間にあった内容の講演会や講習会を管理・監督者を対象に開催する。さらにこれらの行事を円滑に進めるための周知徹底の方法につき委員会の場で決定する。

ハ　安全衛生に関する情報の提供

　　　行政，災防団体等から発表される災害発生状況，統計等を知ることにより全国的動向，事業所所在地での動向等を知り，今後の対策を検討する。また安全衛生情報誌から最新の情報を得，事業所として抱えている問題点に関する解決策をタイムリーに提供すること，および得られた情報に専門的知識が必要とされる場合は，産業医などのアドバイスを加えるなどしている。

　　ニ．健康管理・メンタルヘルスに関する情報の提供

　　①　健診結果に基づき有所見者の内訳について産業医等から報告。有所見者の多い職場では職場としての健康管理のあり方を産業医・衛生管理者からアドバイスあるいは依頼をする。内容によっては環境調査を行うことを連絡する。

　　②　メンタルヘルスに関して職場で誤った対応をすると，その後の対応に支障をきたすので，現場の管理・監督者に正しい認識をしてもらわなければならない。メンタルヘルスは心の内面の問題であるので，職場での発見は難しいが，早期発見と正しい対応が重要なことを強調・啓発している。

2．まとめ

　安全衛生委員会は毎月定例でしかも同じメンバーで開催されるので，運営がマンネリ化しがちである。したがってその運営にあたっては次のことに留意している。

　①　定例議題だけで終らない
　②　毎月新味のある情報を求め提供する努力を怠らない。
　③　職場で行っている安全衛生活動の報告を行わせる。
　④　委員会メンバーを外部講習等に出席させ，情報の収集・交換を行わせる。
　⑤　研修・講習会で得られた情報をそれらに出席した委員から報告させる。
　⑥　法改正等の動きがある場合，事務局が行政，災防団体，他社スタッフと交流を行い情報を得ることに努める。

3．おわりに

　安全衛生委員会は安全衛生活動を推進するための審議機関であり，ラインは安全衛生の

わが社の安全衛生委員会活動

実施機関である。そのために事務局が前面に出てはラインによる自主的な安全衛生にはならないことを認識して運営を行っている。

わが社の安全衛生委員会活動

3. 本社事務所

1. 事業場の概要

(1) 業　　種　製造業の本社事務所
(2) 人員構成　従業員 3,000 名
　　　　　　　（男子 2,000 名，女子 1,000 名）
(3) 事業場の主な業務
　　① 営　　業（国内，海外）
　　② 商品企画
　　③ 管理事務

2. 安全衛生委員会の構成

　本社事務所の安全衛生委員会の構成メンバーは，表1のとおりであり，委員長は，本社ビル全体の管理を担当している総務部長が総括安全衛生管理者に選任されていることから，この任にあたっている。

表1　本社安全衛生委員会の構成

議長　総括安全衛生管理者	
会社側委員　　　3名	労働組合側委員　　　3名
産業（代表） 総務部次長兼総務課長 人事担当課長	労働組合支部執行委員長 　〃　　常任委員 　〃　　常任委員
事務局兼企画担当　衛生管理者，人事課衛生管理者　計2名	

委員については，労働組合の専従役員が3名であることから，労働組合側委員として選出されており，これと同数が会社側委員として選出されている。会社側委員は，産業医のうち1名，総務課長兼務の総務部次長，人事担当課長が就任している。
　なお，事務局および委員会活動の企画を衛生管理者が担当している。
　従業員規模の割には，小規模の安全衛生委員会となっているが，その活動は実効あるものとなっている。

3. 安全衛生委員会の議題

　本社事務所の委員会は，労働安全衛生法規上では衛生委員会の機能を有することが定められており，安全委員会は設けなくとも良いが，通勤途上や社内での業務上災害もゼロではないことから，安全衛生委員会とし，安全についても審議をしている。
　本社事務所において毎月取り上げている議題は，次のとおりである。
　① 健康診断の実施状況
　　　誕生月に定期健康診断を実施していることから，前月の受診状況，および結果について報告する。
　② 作業環境測定および上水道水質検査の結果
　　　本社ビル（2棟）を事務所則に基づき作業環境測定を社外委託していることから，その結果概要を報告する。
　　　また，6ヵ月ごとに社外機関へ上水道の水質検査を委託していることから，その結果概要を報告する。
　③ 災害報告および審議
　　　本社在勤者に発生した通勤途上災害および業務上災害，交通事故等について報告し，委員会で対策の追加等を含めて審議する。
　　　また，他事業場で発生した業務上災害，重大交通事故等について報告する。
　④ 業界の業務上災害の動向報告
　　　業界で作成している業務上災害統計について報告する。
　⑤ 全国安全週間，全国労働衛生週間活動計画の審議
　　　全社活動として，両週間とも準備期間の前月に事業場としての活動計画を提案し，

審議する。

⑥ その他

必要な事項をその都度報告し，または提案する。

ちなみに，'94年6月に開催された安全衛生委員会の議題は**表2**のとおりである。

表2　'94年6月度安全衛生委員会の議題

議　　題	区　分
1．'93年度定期健康診断結果について	報告
2．'94年5月健康診断実施状況	報告
3．作業環境測定結果	報告
4．本社災害報告（通勤時）	報告，審議
5．他事業場災害報告	報告
6．安全衛生委員会パトロール結果	報告，審議
7．自動車産業労働災害統計	報告

4. 安全衛生委員会パトロールについて

　本社事務所は，相互に隣接する16階建および17階建ビルに従業員が在勤するが，設備管理は関連会社に委託している。このことから日常あまり目に触れない重要設備を中心に年2回，安全衛生委員会メンバーが全員でパトロールしている。実施月は，全国安全週間，全国労働衛生週間にあわせて計画している。'94年の全国安全週間準備期間には，**表3**のとおり実施した。

表3　'94年安全衛生委員会パトロール

実施日時	94年6月10日㈮　11：00〜12：00
メンバー	統括安全衛生管理者
	会社側委員　　　　3名
	労働組合側委員　　3名
	事務局　　　　　　2名
	設備管理会社　　　2名
対象場所	新　館　注水装置
	自家発電室
	変電室
	クーリングタワー
	ガス交換室

参考資料

安全衛生委員会に関する告示・通達（抄）

〔委員会の構成に関すること〕

　委員会の構成員の員数については，事業の規模，作業の実態に即し，適宜に決定するよう指導すること。（昭41.1.22 基発第46号）

1　（編注：安衛法）第17条第2項第1号，第18条第2項第1号または第19条第2項第1号の「総括安全衛生管理者以外の者で当該事業場においてその事業の実施を統括管理するもの」とは，第10条に基づく総括安全衛生管理者の選任を必要としない事業場について規定されたものであり，同号の「これに準ずる者」とは，当該事業場において事業の実施を統括管理する者以外の者で，その者に準じた地位にある者（たとえば副所長，副工場長など）をさすものであること。

2　第17条第2項第3号および第19条第2項第4号の「安全に関し経験を有するもの」は，狭義の安全に関する業務経験を有する者のみをいうものではなく，当該事業における作業の実施またはこれらの作業に関する管理の面において，安全確保のために関係した経験を有する者を広く総称したものであること。

5　安全・衛生委員会の議長となる委員以外の委員の半数については，当該事業場に労働者の過半数で組織する労働組合があるときにおいてはその労働組合，労働者の過半数で組織する労働組合がないときにおいては，労働者の過半数を代表する者の推せんに基づき指名しなければならないこととされているが，種々の事情により労働者側の委員推せんが得られない場合には，事業者としては，委員推せんがあるように誠意をもって話し合うべきものであり，その話し合いを続けている過程において，安全・衛生委員会の委員の推せんが労働者側から得られないために委員の指名もできず，委員会が設置されない場合があったとしても，事業者に安全・衛生委員会の未設置に係る刑事責任の問題は発生しないと解されるものであること。

6　また，「推薦に基づき指名」するとは，第17条から第19条までに定めるところにより，適法な委員の推せんがあった場合には，事業者は第1号の委員以外の委員の半数の限度において，その者を委員として指名しなければならない趣旨であること。

（昭47.9.18 基発第602号，昭63.9.16 基発第601号の1）

〔委員会の付議事項に関すること〕

① 安全委員会（安衛則第21条）関係
1 第1号の「安全に関する規定（現行＝「規程」）」には，保護具の着用，火気の使用禁止など安全を確保するための労働者が遵守すべき事項にとどまらず，各級管理監督者の安全に関する職務内容，危険な作業についての安全上の留意事項等についても定めることが望ましいこと。
2 第2号（現行＝第4号）の「安全教育」には，法第59条および第60条の教育等のうち，安全に係るもののほか，ずい時必要な時期における労働者に対する安全教育が含まれるものであること。
（昭47.9.18 基発第601号の1）

② 衛生委員会（安衛則第22条）関係
1 第1号の「衛生に関する規定（現行＝「規程」）」には，健康診断の実施に関する規定，有害な業務その他職業性疾病を発生するおそれがある業務などについての作業の実施要領，作業環境の点検および測定の要領に関する規定が含まれるものであること。
2 第2号（現行＝第4号）の「衛生教育」には，法第59条および第60条による安全衛生教育等のうち衛生に係るもののほか，ずい時必要な時期における労働者に対する衛生教育が含まれること。
3 第3号（現行＝第7号）の「健康診断の結果」については，職場の健康管理対策に資することができる内容のものであればよく，受診者個々の健康診断結果は含まれないこと。
（昭47.9.18 基発第601号の1）

第4号（現行＝第7号）には，個人の病名等個人のプライバシーに関する事項は含まれないこと。（昭53.2.10 基発第78号）

ア 事業場における安全衛生水準の向上には，事業場トップ及び労働災害防止の当事者であり現場を熟知している労働者が参画する安全衛生委員会等の活性化が必要であることから，衛生委員会の調査審議事項に，危険性又は有害性等の調査等のうち衛生に係るも

のに関すること，並びに安全衛生に関する計画（衛生に係る部分に限る。）の作成，実施，評価及び改善に関することが含まれることとしたこと。
イ　第9号は，脳・心臓疾患の労災認定件数が高い水準で推移しており，事業場において労使が協力して長時間労働による健康障害の防止対策を推進する重要性が増していることから，衛生委員会等の付議事項として，「長時間にわたる労働による労働者の健康障害の防止を図るための対策の樹立に関すること」を明記したものであること。
　　なお，この対策の樹立に関することには，
　［1］　長時間にわたる労働による労働者の健康障害の防止対策の実施計画の策定等に関すること
　［2］　面接指導等の実施方法及び実施体制に関すること
　［3］　第52条の3第1項及び第52条の8第3項に規定する労働者の申出が適切に行われるための環境整備に関すること
　［4］　面接指導等の申出を行ったことにより当該労働者に対して不利益な取扱いが行われることがないようにするための対策に関すること
　［5］　第52条の8第2項第2号に規定する事業場で定める必要な措置に係る基準の策定に関すること
　［6］　事業場における長時間労働による健康障害の防止対策の労働者への周知に関することが含まれること。
ウ　第10号は，精神障害等の労災認定件数が増加しており，事業場において労使が協力してメンタルヘルス対策を推進する重要性が増していることから，衛生委員会等の付議事項として，第8号とは別に，「労働者の精神的健康の保持増進を図るための対策の樹立に関すること」を明記したこと。
　　なお，この対策の樹立に関することには，
　［1］　事業場におけるメンタルヘルス対策の実施計画の策定等に関すること
　［2］　事業場におけるメンタルヘルス対策の実施体制の整備に関すること
　［3］　労働者の精神的健康の状況を事業者が把握したことにより当該労働者に対して不利益な取扱いが行われるようなことがないようにするための対策に関すること
　［4］　労働者の精神的健康の状況に係る健康情報の保護に関すること
　［5］　事業場におけるメンタルヘルス対策の労働者への周知に関することが含まれること。

（平18.2.24 基発第0224003号）

③　安全委員会，衛生委員会（安衛則第21条，第22条）両者関係
　第21条第4号（現行＝第5号）及び第22条第6号（現行＝第11号）の「文書」とは，勧告書，指導票等をいうものであること。（昭53.2.10 基発第78号）

④　各種通達等関係
〔交通労働災害防止のためのガイドライン〕（平6.2.18 基発第83号）
第2　交通労働災害防止のための管理体制等
1　交通労働災害防止のための管理体制の確立
　（3）　安全委員会等における調査審議
　　安全委員会等（安全委員会，衛生委員会，安全衛生委員会等をいう。以下同じ。）において，交通労働災害の防止に関する事項について調査審議すること。
　　なお，安全委員会及び衛生委員会の調査審議事項については，労働安全衛生法（以下「安衛法」という。）第17条及び第18条に規定されているので留意すること。
　　この場合において，安全委員会等の委員として，交通労働災害防止担当管理者を指名すること。
　　また，安全委員会等の中に交通労働災害防止部会を設置する等により，交通労働災害の防止について，特に重点的に取り組むことが望ましい。

〔プレス災害防止総合対策〕（平10.9.1 基発第519号の3）
第2　具体的実施事項
1　安全管理体制の確立等安全活動の実施
　（2）　安全委員会における審議
　　プレス作業の安全に係る規程の作成，新規に導入するプレス機械に係る危険の防止等について審議すること。

〔事業場における労働者の健康保持増進のための指針〕（改正：平9.2.3 健康保持増進のための指針公示第2号）
　3　健康保持増進計画等

（2）　事業場内健康保持増進対策の推進体制の確立
　　事業者は，事業場内の健康保持増進対策を推進する体制を確立するため，次に掲げる組織，スタッフ等を活用，整備するように努めることが必要である。
　　　イ　衛生委員会等
　　　　（イ）　常時50人以上の労働者を使用する事業場においては，衛生委員会又は安全衛生委員会において，健康保持増進計画の策定等，労働者の健康の保持増進を図るための基本となるべき対策（以下「健康保持増進対策」という。）を積極的に調査審議すること。
　　　　　　その際，産業医等健康保持増進措置を実施するスタッフの意見を十分取り入れる体制を整備すること。
　　　　（ロ）　常時50人未満の労働者を使用する事業場においても，衛生に関する事項について関係労働者の意見を聴く際には，健康保持増進対策に関しても意見を求めるように努めること。

〔労働者の心の健康の保持増進のための指針〕（平18.3.31 健康保持増進のための指針公示第3号）
2　メンタルヘルスケアの基本的考え方
　　（前略）このため，事業者は，以下に定めるところにより，自らが事業場におけるメンタルヘルスケアを積極的に推進することを表明するとともに，衛生委員会又は安全衛生委員会（以下「衛生委員会等」という。）において十分調査審議を行い，メンタルヘルスケアに関する事業場の現状とその問題点を明確にするとともに，その問題点を解決する具体的な実施事項等についての基本的な計画（以下「心の健康づくり計画」という。）を策定し，実施する必要がある。（以下略）
3　衛生委員会等における調査審議
　　メンタルヘルスケアの推進に当たっては，事業者が労働者等の意見を聴きつつ事業場の実態に即した取組を行うことが必要である。また，心の健康問題に適切に対処するためには，産業医等の助言を求めることも必要である。このためにも，労使，産業医，衛生管理者等で構成される衛生委員会等を活用することが効果的である。労働安全衛生規則（昭和47年労働省令第32号）第22条において，衛生委員会の付議事項として「労働者の精神的健康の保持増進を図るための対策の樹立に関すること」が規定されており，

参考資料

　4に掲げる心の健康づくり計画の策定はもとより，その実施体制の整備等の具体的な実施方策や個人情報の保護に関する規程等の策定等に当たっては，衛生委員会等において十分調査審議を行うことが必要である。
　なお，衛生委員会等の設置義務のない小規模事業場においても，4に掲げる心の健康づくり計画の策定やその実施に当たっては，労働者の意見が反映されるようにすることが必要である。
6　メンタルヘルスケアの具体的進め方
　（4）　職場復帰における支援
　　メンタルヘルス不調により休業した労働者が円滑に職場復帰し，就業を継続できるようにするため，事業者は，その労働者に対する支援として，次に掲げる事項を適切に行うものとする。
　　　①　衛生委員会等において調査審議し，産業医等の助言を受けながら職場復帰支援プログラムを策定すること。職場復帰支援プログラムにおいては，休業の開始から通常業務への復帰に至るまでの一連の標準的な流れを明らかにするとともに，それに対応する職場復帰支援の手順，内容及び関係者の役割等について定めること。

〔健康診断結果に基づき事業者が講ずべき措置に関する指針〕（改正：平18.3.31 健康診断結果措置指針公示第6号）
2　就業上の措置の決定・実施の手順と留意事項
　（4）　就業上の措置の決定等
　　ロ　衛生委員会等への医師等の意見の報告等
　　　衛生委員会等において労働者の健康障害の防止対策及び健康の保持増進対策について調査審議を行い，又は労働時間等設定改善委員会において労働者の健康に配慮した労働時間等の設定の改善について調査審議を行うに当たっては，労働者の健康の状況を把握した上で調査審議を行うことが，より適切な措置の決定等に有効であると考えられることから，事業者は，衛生委員会等の設置義務のある事業場又は労働時間等設定改善委員会を設置している事業場においては，必要に応じ，健康診断の結果に係る医師等の意見をこれらの委員会に報告することが適当である。
　　　なお，この報告に当たっては，労働者のプライバシーに配慮し，労働者個人が特

定されないよう医師等の意見を適宜集約し，又は加工する等の措置を講ずる必要がある。
　また，事業者は，就業上の措置のうち，作業環境測定の実施，施設又は設備の設置又は整備，作業方法の改善その他の適切な措置を決定する場合には，衛生委員会等の設置義務のある事業場においては，必要に応じ，衛生委員会等を開催して調査審議することが適当である。

〔職場における喫煙対策のためのガイドライン〕（平15.5.9 基発第0509001号）
4　喫煙対策の推進体制
（1）　喫煙対策委員会
　喫煙対策を円滑に実施するため，衛生委員会等の下に衛生担当者，喫煙者，非喫煙者の代表者等で構成する「喫煙対策委員会」を設置し，喫煙対策を推進するための合意形成を行う方法を検討するとともに，喫煙対策の具体的な進め方，喫煙行動基準等を検討し，衛生委員会等に報告すること。

〔過重労働による健康障害を防止するため事業者が講ずべき措置〕（平18.3.17 基発第0317008号）
5　労働者の健康管理に係る措置の徹底
（1）　健康管理体制の整備，健康診断の実施等
　ア　健康管理体制の整備及び健康診断の実施
　　事業者は，労働安全衛生法に基づき，産業医や衛生管理者等を選任し，その者に事業場における健康管理に関する職務等を適切に行わせるとともに，衛生委員会等を設置し，適切に調査審議を行う等健康管理に関する体制を整備するものとする。

〔委員会の会議運営に関すること〕

3　安全・衛生委員会の運営について，従来の過半数決定の規定を削除したのは，安全・衛生問題の本来的性格から，労使の意見の合致を前提とすることが望ましいという見解に基づくものであること。
4　安全・衛生委員会の会議の開催に要する時間は，労働時間と解されること。従って，当該会議が法定時間外に行なわれた場合には，それに参加した労働者に対し，当然，割

増賃金が支払われなければならないものであること。
(昭 47.9.18 基発第 602 号，昭 63.9.16 基発第 601 号の 1)

1 〔議決権〕 当該委員会の委員会規定等に別段の定めのある場合のほか，議長も，議決権を有するが，同時に可否同数の場合の決定権を有しないものであること。
2 〔監督結果の通知〕 使用者は，当該事業場に係る労働災害が発生したとき又は労働基準監督機関の監督等が行われたときは，その状況及び結果を委員会に通知することとするよう指導すること。
(昭 41.1.22 基発第 46 号)

(編注：安衛則第 23 条) 第 2 項の「必要な事項」には，委員会の招集，議事の決定，専門委員会の設置，委員会規定の改正等に関することが含まれるものであること。(昭 47.9.18 基発第 601 号の 1)

〔労働者の意見の反映に関すること〕

〔事業者が講ずべき快適な職場環境の形成のための措置に関する指針〕(改正：平 9.9.25 労働省告示第 104 号)
第 3 快適な職場環境の形成のための措置の実施に関し，考慮すべき事項
2 労働者の意見の反映
　職場環境の影響を最も受けるのは，その職場で働く労働者であることにかんがみ，快適な職場環境の形成のための措置の実施に関し，例えば安全衛生委員会を活用する等により，その職場で働く労働者の意見ができるだけ反映されるよう必要な措置を講ずること。

〔労働安全衛生マネジメントシステムに関する指針〕(改正：平 18.3.10 厚生労働省告示第 113 号)
(労働者の意見の反映)
第 6 条 事業者は，安全衛生目標の設定並びに安全衛生計画の作成，実施，評価及び改善に当たり，安全衛生委員会等 (安全衛生委員会，安全委員会又は衛生委員会をいう。以下同じ。) の活用等労働者の意見を反映する手順を定めるとともに，この手順に基づき，

労働者の意見を反映するものとする。

〔危険性又は有害性等の調査等に関する指針〕（平18.3.10 危険性又は有害性等の調査等に関する指針公示第1号）
4　実施体制等
　（1）　事業者は，次に掲げる体制で調査等を実施するものとする。
　　ウ　安全衛生委員会等（安全衛生委員会，安全委員会又は衛生委員会をいう。）の活用等を通じ，労働者を参画させること。

〔化学物質等による危険性又は有害性等の調査等に関する指針〕（平18.3.30 危険性又は有害性等の調査等に関する指針公示第2号）
4　実施体制等
　（1）　事業者は，次に掲げる体制で調査等を実施するものとする。
　　エ　安全衛生委員会等（安全衛生委員会，安全委員会又は衛生委員会をいう。）の活用等を通じ，労働者を参画させること。

〔委員会の活性化に関すること〕

　衛生委員会等において長時間労働による健康障害防止対策，メンタルヘルス対策について調査審議するに当たっては，医学的及び専門的な見地からの意見が重要であり，その構成員である産業医や衛生管理者の積極的な関与が必要であることから，事業場においては，産業医や衛生管理者について，その適正な選任はもとより，衛生委員会等への出席の徹底を図り，その役割が適切に果たされる必要があること。また，衛生委員会等において調査審議を行った結果一定の事項について結論を得た場合については，これに基づいて着実に対策を実施するなど，事業者はこの結論を当然に尊重すべきものであること。（平18.2.24 基発第0224003号）

〔大規模製造業における安全管理の強化に係る緊急対策要綱〕（平16.3.16 基発第0316001号）
5　安全管理に問題のある事業場に対する重点的な個別指導等の実施
　　自主点検の結果，安全管理に問題のある事業場では次の事項の対応が十分でないこと

が明らかになった。

このため,事業場のトップ自らによる安全管理活動や安全管理に係る認識が不十分であるなど,安全管理に問題が認められる事業場に対しては,次の事項について,重点的に指導すること。

（2） 安全委員会の活性化

事業場の労使が参加して安全対策等を調査審議する場である安全委員会で活発な意見交換を行うことが労働災害防止上有効であるため,委員を適切に選任するとともに,事業場の安全体制の検証,作業マニュアルの作成・改訂,設備新設・変更時の安全に係る事前評価等について調査審議するなど,その活性化を図ること。

また,災害が発生した場合には,作業標準からの逸脱や指示違反といったヒューマンエラーとして片づけるのではなく,人員配置,教育訓練の有無,納期の設定など,そこに至った背景要因や設備の状態等の物的要因についても掘り下げ,再発防止に繋げるための調査審議等を実施すること。

安全衛生委員会運営要領（例）

（事業場数が，1つのみの企業での例）

1　総　　則

1　目　　的
この要領は安全衛生委員会を合理的かつ円滑に運営することを目的とする。

2　規定間の関連
この要領は機能会議規定にさだめられた安全衛生委員会の要領である。

3　適用範囲
この要領は安全衛生委員会の運営について適用する。

4　制定・改廃
この要領の制定，改廃は中央安全衛生委員会事務局が起案し，中央安全衛生委員会で審議決定の上，中央安全衛生委員会委員長の承認を得てこれを行う。

5　中央安全衛生委員会および部安全衛生委員会
安全衛生委員会は次の委員会をもって構成する。

5・1　中央安全衛生委員会
労働安全衛生法に基づく安全衛生委員会であり，全社的な安全衛生の基本となる対策，方針に関する調査審議を行うものとする。

5・2　部安全衛生委員会
部会内の安全衛生の基本となる対策，方針に関する調査審議を行うものとする。

6　審議事項
安全衛生委員会は次の事項について審議する。
(1) 災害および疾病の防止対策に関すること。
(2) 健康の保持増進対策に関すること及び，長時間労働による健康障害防止対策に関すること。
(3) 災害および疾病の原因に対する調査研究に関すること。
(4) 安全衛生に関する規程及び安全作業基準の作成に関すること。
(5) 危険性又は有害性等の調査及び，その結果に基づき実施する措置に関すること。
(6) 安全衛生に関する計画の作成，実施，評価及び改善に関すること。

⑺　安全衛生教育および安全衛生思想の普及に関すること。
⑻　作業環境の調査および環境改善に関すること。
⑼　健康診断の結果及び結果に基づく措置に関すること。
⑽　メンタルヘルス対策に関すること。
⑾　安全施設，安全装置，安全衛生保護具および救急薬品の整備点検に関すること。
⑿　火災予防に関すること。
⒀　交通事故防止に関すること。
⒁　この委員会の下部機構で決定した事項。
⒂　その他必要なこと。

2　中央安全衛生委員会

7　構　　成
中央安全衛生委員会の構成員は次のとおりとする。
　　委 員 長　全社総括安全衛生管理者
　　副委員長　本社総括安全衛生管理者，○○工場総括安全衛生管理者，関係役員および労働組合執行委員長
　　委　　員　安全衛生管理者，産業医，安全部会長，労働組合生産部長，労働組合安全委員

8　委員長・事務局長の任務
中央安全衛生委員会構成員の任務を次のとおりとする。
⑴　委員長は委員会を開催し，これを主催する。
⑵　副委員長は委員長を補佐し，委員会の審議に参画する。
⑶　委員は，委員会の審議に参画する。
⑷　事務局長は委員会事務局を統括する。

9　事　務　局
9・1　中央安全衛生委員会の事務局は安全環境室とする。
9・2　事務局は，事務局長の指示に基づき，議案の準備，招集手続き，議事録の作成等委員会の事務全般を処理する。

10　開　　催
この委員会は原則として，1カ月に1回開催する。ただし，必要に応じて臨時に開

催することがある。（日時は毎月25日とする。ただし，25日が休日の場合は前日とする。）

11　関係者の出席

この委員会は必要に応じて構成員以外の関係者を出席させることがある。

12　専門委員会

12・1　中央委員会に安全・衛生・防火・交通・環境の各専門委員会を置くことがある。

12・2　専門委員会の委員は委員長がこれを任命する。

3　部安全衛生委員会

13　部安全衛生委員会の設置

部安全衛生委員会（以下「部会」という。）は各製造関係，資材管理関係および技術・事務所関係にこれを設ける。

14　構　　成

部会の構成員は次のとおりとする。

部 会 長　課長

副部会長　係長

委　　員　組長または係長（事務・技術関係）

15　部会長・副部会長，委員の任務

部会構成員の任務は次のとおりとする。

(1)　部会長は部会を開催し，これを主催する。

(2)　副部会長は部会長を補佐し，部会の審議に参画する。

(3)　委員は部会の審議に参画する。

16　開　　催

部会は毎月1回開催する。ただし，必要のあるときは臨時に開催することがある。

17　実施期間

この要領は2006年4月1日より実施する。

86

さくいん

安全委員会 ……………………	7
安全衛生委員 ……………………	24
安全衛生委員の発令 ……………	25
安全衛生委員の周知 ……………	25
安全衛生委員会の事前調整 ……	54
安全衛生委員の選出 ……………	25
安全衛生委員会 …………………	7
安全衛生委員会設置の明文化 ………	13
安全衛生委員会規程 ……………	13
安全衛生委員会運営要領 ………	15
安全衛生委員会の活動計画 ……	53
安全衛生委員会活動の評価 ……	49
安全衛生委員会の活動目標 ……	27
安全衛生委員会の実施責任 ……	20
安全衛生委員会活動の活性化 ………	52
安全衛生委員会の資料づくり …	34
安全衛生委員会資料の事前配布 ………	34
安全衛生委員会のフォロー ……	48
安全衛生委員会の下部組織 ……	18
安全衛生委員会規程の記載事項 ………	15
安全衛生委員会議長 ……………	8
安全衛生会議 ……………………	13
安全衛生管理体制 ………………	16
安全衛生管理体制と職制 ………	16
安全衛生管理方針 ………………	27
安全衛生基本方針 ………………	27
安全衛生担当者会議 ……………	19
安全管理者 ………………………	16
運動実践指導者 …………………	23
衛生委員会 ………………………	7
衛生管理者 ………………………	16
衛生工学衛生管理者 ……………	18
会議の効率的運営 ………………	35
開催通知 …………………………	33
開催通知の様式 …………………	34
開催頻度 …………………………	12
会社選出の委員と労組推薦の委員 ……	24
快適な職場環境の形成 …………	5
化学物質の管理 …………………	38
化学物質の有害性調査 …………	11
企業の独自性に基づく規程づくり ……	13
危険防止対策 ……………………	10
危険有害物管理部会 ……………	18
議事録の内容 ……………………	46
議事録の配布 ……………………	47
議事録の作成 ……………………	12
議長 ………………………………	8
機能別専門委員会 ………………	18
基本的機能 ………………………	14
基本的性格 ………………………	14
具体的活動の方向づけ …………	29
KY活動部会 ……………………	39
決定権 ……………………………	14
決定事項に対する役割分担の確認 ……	48
健康管理委員会 …………………	19
健康診断結果 ……………………	41

87

健康教育	38	職場安全衛生委員会	19
健康の保持増進	9	職場巡視の結果報告	39
健康づくりへの参加率	38	審議機能（施策の）	14
構成メンバー別専門委員会	18	設置基準	13
交通災害防止委員会	41	設備設置部会	18
再発防止対策	35	選出活動の標準化	18
災害調査	43	専門部会	26
作業環境測定士	8	総括安全衛生管理者	8
作業環境管理部会	18	対策の水平展開	35
作業の管理	9	チェック機能	14
産業医	24	中央安全衛生委員会	17
事業場安全衛生委員会	17	調査審議事項	9
施策の実行責任	16	調査定例報告	35
事前打合せ	34	特定機械の定期自主検査	37
実行の機能	14	年間活動計画	30
実施状況の報告	45	パトロール	16
事務所委員会	70	評価のチェックリスト	49
事務局の巡視	44	部署長の説明	35
出欠の確認	34	法における位置づけ	5
従業員が意見を述べる場	5	防爆電気部会	18
従業員に対する施策の援助	46	目標値	29
職種別専門委員会	18	予算計上	43

―安全衛生基本シリーズ―

安全衛生委員会の進め方,活かし方

平成6年7月29日	第1版第1刷
平成19年11月20日	第2版第1刷
平成31年2月28日	第7刷

編 者	中央労働災害防止協会
発行者	三田村憲明
発行所	中央労働災害防止協会
	〒108-0023
	東京都港区芝浦3丁目17番12号
	吾妻ビル9階
	電話 販売 03(3452)6401
	編集 03(3452)6209
印刷・製本	サンパートナーズ株式会社

落丁・乱丁本はお取り替えいたします。©2007
ISBN978-4-8059-1157-0　C3360
中災防ホームページ　https://www.jisha.or.jp/

本書の内容は著作権法によって保護されています。
本書の全部または一部を複写(コピー)、複製、転載すること(電子媒体への加工を含む)を禁じます。